Von der Freiheitsdressur zur Hohen Schule

Foto: Archiv Knie

Liebe Pferdefreunde,

das vorliegende Buch wird Sie dem Pferd näher bringen. Betrachten und behandeln Sie Ihr Pferd als Partner. Mit Liebe und Geduld kleine Fortschritte erzielen, sollte eines jeden Reiters Grundsatz sein. Während meiner bald 70-jährigen Praxis kann ich wirklich behaupten, noch nie von Pferden enttäuscht worden zu sein, Liebe wurde immer durch Gegenliebe belohnt.
Ich wünsche jeder Reiterin und jedem Reiter und nicht zuletzt den Pferden die Möglichkeit, aus Horst Beckers Buch eine zufriedene Zusammenarbeit für alle Beteiligten zu ziehen.

Herzlichst
Ihr

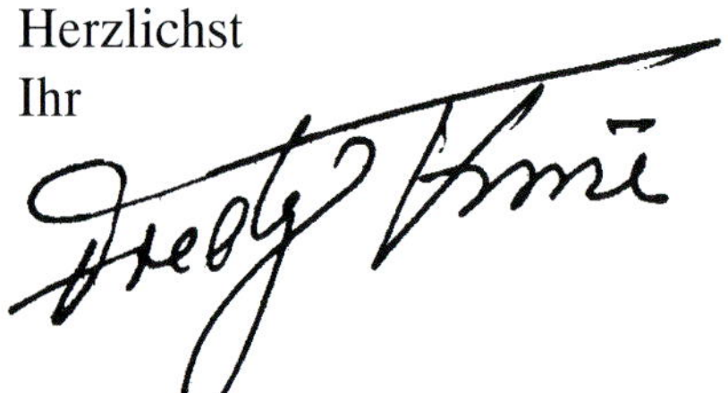

Fredy Knie

Von der Freiheitsdressur zur Hohen Schule

Über die Kunst der Longen- und Doppellongen-Arbeit

Horst Becker

CADMOS
PFERDEBÜCHER

Alle Fotos ohne Fotografennachweis: Andrea Marquardt
Text auf der Grundlage der neuen amtlichen Rechtschreibregeln

Gestaltung: Ravenstein Brain Pool, Völkersen
Druck: Proost, Turnhout

Printed in Belgium

ISBN 3-86127-310-1

VON DER LONGE BIS ZUR FREIHEITSDRESSUR

In diesem Buch geht es um klassische Bodenarbeit. Ich möchte Ausbildungsmethoden vorstellen, die in der klassisch-iberischen Reitkunst, aber auch in der zirzensischen Schule eine lange Tradition besitzen und sich über viele Generationen von Ausbildern und Pferden bewährt haben. Die Anwendung all dieser Möglichkeiten ist eine Kunst - nicht kinderleicht erlernbar, aber sicher erfolgreich. Ihr Ziel ist die Ausbildung eines gesunden, lebhaft und gern mitarbeitenden Pferdes, das im Zuge der Arbeit immer williger, intelligenter und schöner wird. Zwang soll so weit als möglich vermieden, selbstverständlicher Respekt vor dem Ausbilder gefördert werden.

Die Quellen meiner Arbeit mit Reitpferden liegen im iberischen und südfranzösischen Raum. Die Verwendung des Longierzirkels oder Round Pen zur ersten Arbeit mit Pferden ist überall verbreitet, wo mit Pferden und Rindern gearbeitet wird und fand so auch ihren Eingang in die Westernreitweise. Ich orientiere mich aber auch an den Schriften der Reitmeister des Barock. Hier berufe ich mich hauptsächlich auf die Arbeit Federigo Mazzuchellis (1760 - 1830). In seinem Werk „Elementi di Cavalerizza“ empfiehlt er erstmalig die Verwendung der Doppellonge bei der Ausbildung des Reitpferdes und geht damit über die bis dahin übliche Dressur zwischen den Pilaren hinaus. Im Gegensatz zu den starren Pfosten, zwischen denen das Pferd beidseitig ausgebunden wurde, bieten die „Langen Leinen“ mehr Flexibilität für Pferd und Reiter, erhalten den Vorwärtsdrang und erlauben eine sanfte und genau dosierte Einflussnahme des Ausbilders. Natürlich verlangt die Arbeit an der Doppellonge, ebenso wie das optisch kinderleicht wirkende Training im Round Pen einiges an Geschick, Körperbeherrschung und Kondition von Seiten des Ausbilders. Das Pferd schenkt uns die Schönheit und das reiterliche Glück der Versammlung am losen Zügel als Dank für lange, geduldige Arbeit. Die Ausbildung des Schulpferdes an den Traditionsreitschulen, egal ob in Wien, Saumur, Jerez oder Lissabon, dauert Jahre. Ein klassisch ausgebildetes Pferd erreicht Vollkommenheit erst in einem Alter, in dem moderne Sportpferde den Zenit ihrer Karriere längst überschritten haben. Die in diesem Buch geschilderte Bodenarbeit ist nur der erste Schritt auf diesem langen Weg.

Ein anderer Schwerpunkt meiner Arbeit liegt in der Pflege zirzensischer Traditionen. Klassische Reit- und Ausbildungskunst blieb nicht nur in den wenigen berühmten Reitinstituten und im Stierkampfbereich erhalten, sondern auch in der Manege. Noch im letzten Jahrhundert war der Stellenwert der Reiterei und anderer Pferdevorführungen im Zirkus erheblich höher als heute. Klassische Kunstreitergruppen bestanden aus Großfamilien und Lehrlingen aus anderen Zirkusfamilien. Ihre Ausbildung umfasste sowohl Akrobatik auf dem Pferderücken als auch das Training der Pferde in Schaulektionen und Freiheitsdressur. Heute gibt es nur noch wenige Zirkusse, in denen diese Traditionen hochgehalten werden. Der wohl bekannteste ist der Zirkus Knie, in dem Fredy Knie jun. und seine Tochter Geraldine das Werk des begnadeten Pferdemenschen Fredy Knie sen. fortführen.

Im Winter 1995 hatte ich das Glück, von Fredy Knie sen. persönlich in seine Arbeit mit Pferden eingeführt zu werden. So konnte ich meine Arbeitsstile und Methoden in der Freiheitsdressur verbessern und vervollständigen. Auch in der Dressurarbeit hat mir die Arbeit mit Fredy Knie einige neue Impulse gegeben. Viele der Arbeitsmethoden Fredy Knies gehen mit seiner Erlaubnis in dieses Buch ein. Ich möchte mich an dieser Stelle noch einmal für seine Förderung und Unterstützung bedanken.

LINKS: Manegenarbeit

RECHTS: Doppellongenarbeit in der Tradition Mazzuchellis

ZU DIESEM BUCH

Nach einem Kapitel über die Grundlagen jeder Arbeit mit Pferden schildert dieses Buch in weitestmöglich chronologischer Folge den Ausbildungsweg eines Pferdes nach klassisch-iberischen, aber auch klassisch-zirzensischen Methoden. Die Freiarbeit und die Arbeit an der Longe dienen dazu, das Reitpferd einer Grundausbildung in Bezug auf Gehorsam, Vertrauen und Gymnastizierung zu unterziehen. Sie bilden aber auch die Grundlage für zirzensische Freiheitsdressuren. Ein Ausbilder, der an letzteren kein Interesse hat, sondern lediglich sein Reit- oder Fahrpferd auf die Arbeit unter dem Sattel oder im Geschirr vorbereiten möchte, findet die Hinweise dazu im ersten Teil. Er führt seine Arbeit wie dort beschrieben mit Longe und Peitsche durch. Wer später jedoch zirzensische Übungen erarbeiten möchte, tut gut daran, sich gleich für die Grundausbildung mit Peitsche und Handstock auszustatten. Er verbindet dann Round Pen-Arbeit und Arbeit an der einfachen Longe von vornherein mit dem im zweiten Teil des Buches beschriebenen Manegen-ABC.

Für alle Ausbildungsbereiche und -phasen sinnvoll ist die Cavalettiarbeit und die Springgymnastik. Auch Touchierübungen gehören in den Bereich der Reitausbildung und in den des zirzensischen Trainings. Beachten Sie aber, dass die Piaffe und der Spanische Schritt keine schnell erlernbaren Kunststückchen, sondern Ergebnis sorgfältiger, gymnastizierender Arbeit sein sollen.

Mehr als ein Kunststückchen: Der Spanische Schritt

Lusitano Duché beim Kompliment: Zirzensische Lektionen fördern Vertrauen und Verständnis.

1. Grundüberlegungen

Pferdeausbildung gleich welcher Art kann nur funktionieren, wenn die Einstellung des Menschen zum Pferd „stimmt". Grundkenntnisse der Psychologie und Bewegungslehre sind notwendig, um die Arbeit mit dem vierbeinigen Schüler sinnvoll aufzubauen und ihm die Freude am Zusammensein mit dem Menschen zu erhalten. Der korrekte Aufbau der Arbeit ist ebenso wichtig wie die richtige Hilfengebung. Das Arbeitstempo muss auf das individuelle Pferd zugeschnitten sein, und auch das Alter des Pferdes und seine körperliche und geistige Entwicklung sind zu berücksichtigen. Hier also zunächst ein paar Grundüberlegungen zu Gymnastizierung und Versammlung, Arbeitsaufbau und typischen Problemen zwischen Reiter und Pferd. Grundsatz ist immer:
„Das Pferd bestimmt die Dauer der Ausbildung."

Round Pen-Arbeit zur Vertrauensbildung

Grundlegende Arbeit an der einfachen Longe

Seitengänge an der Hand

Grundübungen an der Doppellonge

1. 1. ARBEITSAUFBAU

Der korrekte Aufbau der Arbeit mit dem Pferd ist entscheidend wichtig für den Erfolg der Ausbildung. Das gilt sowohl im Großen, also in Bezug auf eine durchdachte Ausbildungsleiter, wie auch im Kleinen beim Aufbau jeder einzelnen Arbeitseinheit.

Der Ausbildungsgang meiner Pferde führt über die Vertrauensbildung zwischen Mensch und Pferd zur Gymnastizierung und schließlich zur Versammlung. Die grundlegende Dressurausbildung steht immer vor den weiterführenden zirzensischen Lektionen, denn nur ein gut gymnastiziertes Pferd kann hier erfolgreich mitarbeiten.

Eine sinnvolle Ausbildungsleiter sieht für mich so aus:
1. Round Pen-Arbeit zur Vertrauensbildung
2. Grundlegende Arbeit an der einfachen Longe - Falls der Ausbilder es wünscht, können hier schon erste Übungen aus der zirzensischen Arbeit wie etwa der Appell und das Changer eingebaut werden.
3. Seitengänge an der Hand und damit erste Touchierübungen
4. Seitengänge an der Doppellonge

Grundlegend wichtig bei all diesen Übungen ist der Aufbau vom Einfachen zum Schweren:

- Nur Aufgaben, die vom Boden aus gut vorbereitet wurden, kann ich auch unter dem Sattel verlangen.
- Erst wenn eine Lektion im Schritt hundertprozentig sitzt, kann ich sie auch im Trab und schließlich im Galopp abfordern.
- Mein Pferd muss stets genau wissen, was ich von ihm will. Nur wenn es die Aufgabenstellung versteht, kann es sinnvoll und entspannt mitarbeiten.

Vertiefende Arbeit unter dem Sattel

Das versammelte Pferd

Cavalettiarbeit schafft Abwechslung

Neben diesen grundsätzlichen Geboten zum Arbeitsaufbau gibt es die vielen kleinen Dinge, die bei der Planung einzelner Arbeitssequenzen beachtet werden wollen. Damit werden sich die folgenden Absätze beschäftigen.

ABWECHSLUNG

Es ist eine wichtige Aufgabe des Ausbilders, dem Pferd die Freude an der Mitarbeit und die Motivation, sich mit neuen Aufgaben zu beschäftigen, zu erhalten. Letztlich gelingt das nur, wenn die Arbeit abwechslungsreich gestaltet wird. Das bezieht sich ebenso auf den gesamten Arbeitsaufbau als auch auf den Aufbau der Einzelstunden. So werden die Reitpferde bei uns zum Beispiel abwechselnd frei im Round Pen, an der einfachen Longe, an der Doppellonge, über Cavaletti und Hindernisse gearbeitet. Ausritte gehören natürlich dazu und wenn wir auf eine Springstrecke treffen, gehen auch unsere Dressurpferde gern über ein paar Geländehindernisse. Letztlich wird jedes Pferd, das täglich die gleiche Arbeit tut, gelangweilt - egal, ob es sich um ein Verleihpferd handelt, das Anfänger über die immer gleiche Strecke schleppt, oder ein voll ausgebildetes Dressurpferd, das Lektionen der Klasse S abzuspulen hat. In aller Regel lassen sich so genervte Pferde bald selbst etwas einfallen, den Alltag spannender zu gestalten: das Verleihpferd beginnt vielleicht zu buckeln oder durchzugehen, beim Dressurpferd leidet zunächst die Manier der Lektionen und zuletzt entschließt es sich zur Arbeitsverweigerung oder zum „Aufstand". Es fängt an, gegen den Zügel zu gehen oder vor läppischen Dingen zu scheuen.

Der Reiter fragt sich in solchen Fällen oft, was er falsch gemacht hat, und sucht die Schuld bei seiner Hilfengebung und seiner Konsequenz. Tatsächlich ist es jedoch der Arbeitsaufbau, der hier geändert werden muss.

Nun bedeutet Abwechslung in der Arbeit selbstverständlich nicht, das Pferd mit mehreren verschiedenen Reitstilen oder Aufgabenstellungen auf einmal zu überfallen. Wenn Sie Ihr Pferd heute dressurmäßig reiten, morgen eintölten und übermorgen unter den Westernsattel nehmen, bieten Sie ihm keine Abwechslung, sondern überfordern es. Die Kunst des Ausbilders liegt darin, das Ausbildungsziel niemals aus den Augen zu verlieren, die Verpackung der Arbeit aber ständig zu ändern.

Unser erstes Ausbildungsziel, das Vertrauen zwischen Reiter und Pferd, verfolge ich zum Beispiel im Round Pen, aber auch, indem ich das Pferd auf Spaziergänge mitnehme und ihm Gelände, Wasser, Verkehr u.s.w. zeige. Gymnastizierung wird sowohl an der Doppellonge als auch durch Touchierübungen an der Hand und Longieren über Cavaletti gefördert, bald kommt dann die Arbeit unter dem Sattel hinzu. Auch in Spaziergänge oder Ausritte können gymnastizierende Übungen eingebaut werden.

KONZENTRATION UND MOTIVATION

Pferde sind psychisch verhältnismäßig wenig belastbar. Das hängt mit ihrer Natur als Fluchttiere zusammen, die sie rasch in Erregung treibt und auf kurze, schnelle und hochkonzentrierte Reaktionen ausgerichtet ist. Kontinuierliches Arbeiten bei guter Aufmerksamkeit muss das junge Pferd folglich erst lernen und selbst das erfahrene Dressurpferd ist kaum länger als 30 Minuten zu hochgradiger Konzentration fähig. Für mich ist es sehr wichtig und eine Frage der Fairness gegenüber dem Tier, die Länge der Arbeitssequenzen auf seine individuelle Konzentrationsfähigkeit abzustimmen. Auch das bedingt

Wichtig: Konzentration auf den Ausbilder

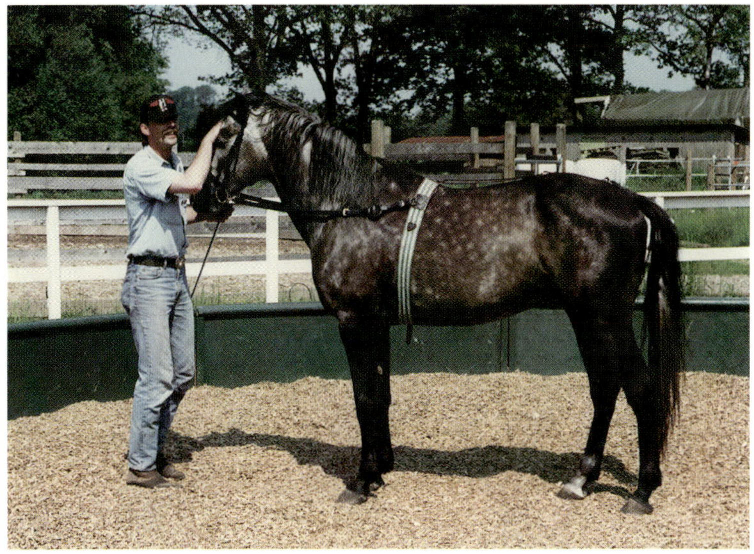

Ein dickes Lob - Streicheln über die Augen ist besser als ein Leckerbissen

genaue Beobachtung und Bereitschaft, sich auf das Pferd als Persönlichkeit einzulassen. Die Fähigkeit zur Mitarbeit kann bei gleichaltrigen Pferden zwischen zehn und dreißig Minuten schwanken. Überschreitet man diese Zeit, so wird das Tier unlustig, ärgert den Ausbilder durch immer schwächere Reaktionen auf seine Hilfen und verliert auf die Dauer den Spaß an der Arbeit. Im Allgemeinen arbeite ich das junge Pferd nicht länger als fünfzehn bis zwanzig Minuten. Zwei Arbeitssequenzen pro Tag sind effektiver als eine lange. Sobald es Ermüdungserscheinungen zeigt, beende ich die Lektion mit einer Übung, die das Pferd gern macht und gut kann. Somit kann ich es am Ende einer Arbeitssequenz ehrlich loben, und es geht mit positivem Gefühl zurück in die Box oder auf die Weide.

Mir ist weiterhin wichtig, das Pferd die Dauer der Ausbildung bestimmen zu lassen. Jedes Pferd braucht unterschiedlich viel Zeit, Muskulatur aufzubauen und sich auch geistig mit einer Aufgabe auseinander zu setzen. Genau wie Menschen differieren Pferde in Bezug auf Intelligenz und Arbeitseifer, Geschick und Körperbeherrschung. Für mich besteht ein Teil der Kunst des Pferdeausbilders darin, auch etwas unwillige Vertreter immer wieder zu motivieren. Sie entwickeln Spaß an der Arbeit, wenn sie viel gelobt und zu Erfolgserlebnissen geführt werden. Im Umgang mit eher schwerfälligen Pferden beendet man die Ausbildungssequenzen möglichst bevor ihre Konzentration nachlässt. Kurze, flotte Arbeitseinheiten bringen hier mehr als längere, aber lustlos durchgezogene.

AUSBILDUNGSBEGINN

Wann ein Pferd in Arbeit genommen wird, ist bei verschiedenen Trainern und im Rahmen verschiedener Reitstile sehr umstritten. Im Westernbereich und im amerikanischen Gangpferdebereich kommen die Pferde oft schon mit zwei Jahren und früher unter den Sattel, im deutschen Reitstall ist das Anlongieren mit zwei und das Anreiten mit drei Jahren üblich. Im Islandpferdebereich nehmen verantwortungsvolle Trainer Rücksicht auf die Spätreife der Pferde und legen erst mit fünf Jahren den Sattel auf; viele Reiter gönnen Pferden verschiedenster Rassen ein zusätzliches Aufzuchtjahr und beginnen die Arbeit mit vier.

Meiner Ansicht nach ist es sehr wichtig, den Zeitpunkt des Arbeitsbeginns und später auch des Anreitens vom individuellen Pferd abhängig zu machen. Dabei berücksichtige ich die Rasse des Pferdes und seinen körperlichen und geistigen Entwicklungsstand. Wichtig ist auch die Frage, ob man der Bodenarbeit viel Zeit widmen, oder das Pferd relativ bald mit dem Reitergewicht belasten will.

Meine eigenen Pferde lasse ich bis zum Alter von drei Jahren relativ unbehelligt auf der Weide. Sie sollen Zeit haben, sich zu entwickeln und mit Altersgenossen herumzutoben, ihre Kräfte zu messen und ein normales Sozialverhalten zu entwickeln. So wird ihr Charakter ausgeprägt, ihr

Ein Dreijähriger: körperlich fast ausgewachsen, aber geistig noch ein Kind.

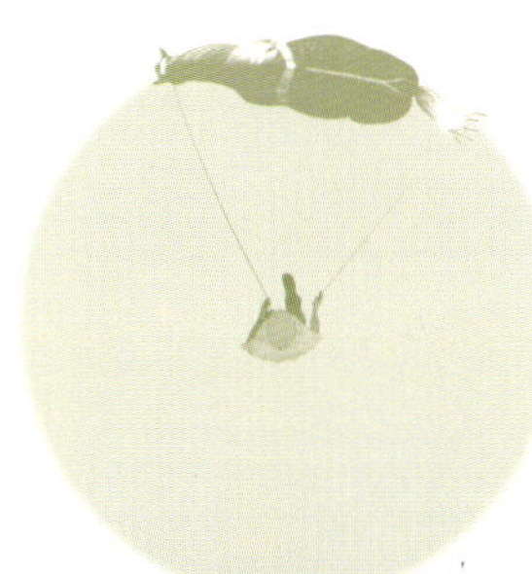

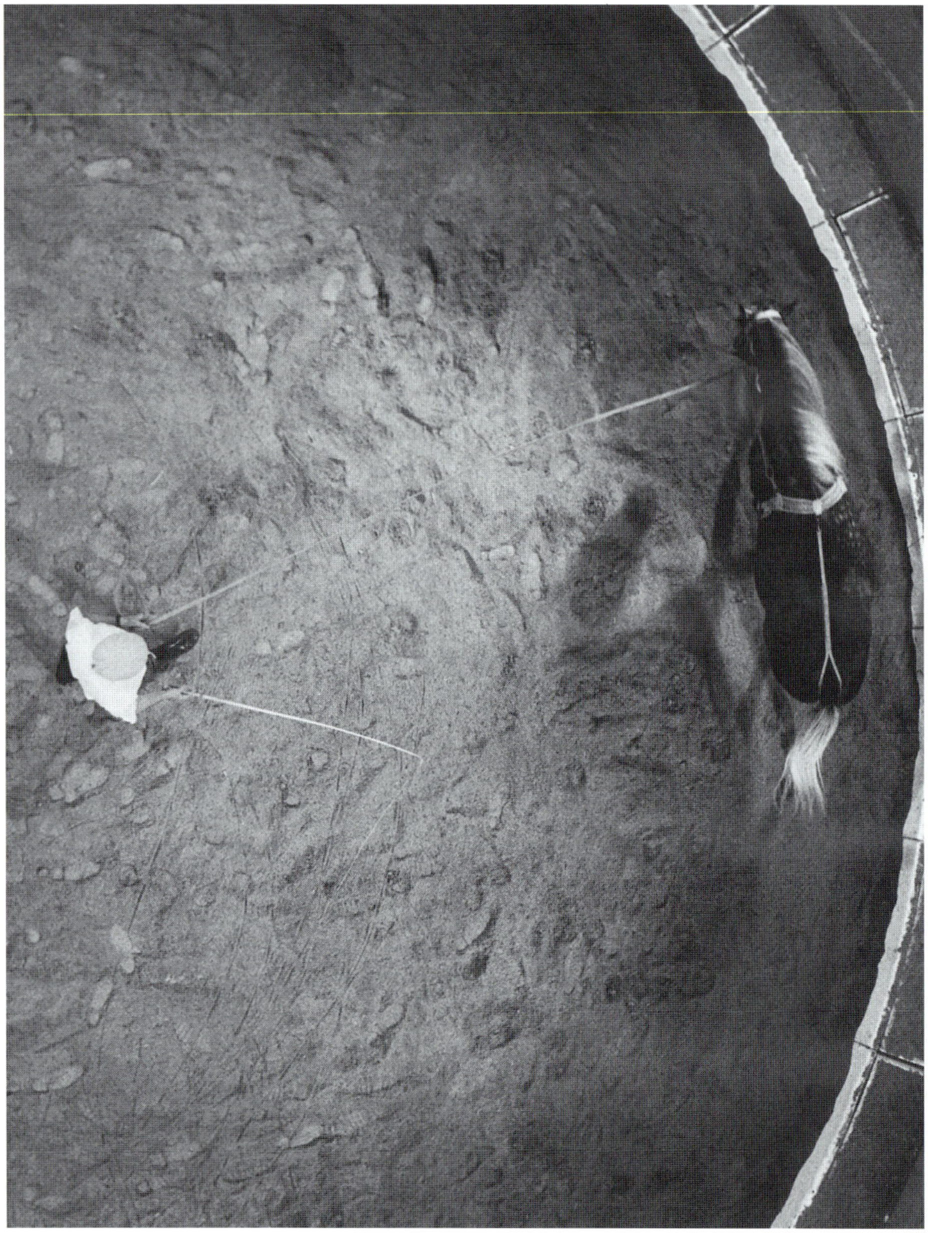

Gut zu sehen: Das Pferd biegt sich an der Longe. Foto: Zeeb

IST LONGENARBEIT SCHÄDLICH?

Viele Reitlehrer warnen vor zu viel und zu früher Arbeit an der Longe, da die Bewegung auf der Kreisbahn die Gelenke des Pferdes schädigen könnte. Das ist zwar richtig, trifft aber nur dann zu, wenn das Pferd erstens zu schnell gearbeitet wird, und sich zweitens nicht korrekt auf der Kreisbahn biegt. In solchen Fällen läuft es nämlich schräg und die Beine werden ungleichmäßig belastet. Bei korrekter Longenarbeit mit einem im Rumpf entsprechend der Kreisbahn gebogenen Pferd kann hier dagegen nichts passieren. Das Pferd belastet inneres und äußeres Bein gleichzeitig und ist insofern nicht gefährdet. Trotzdem spricht natürlich nichts für „Longenmarathons" mit seltenen Handwechseln. Sie würden nicht nur junge, sondern auch erwachsene Pferde langweilen und ihnen damit den Spaß an der Arbeit verderben.

Longenarbeit ruhig angehen lassen!

So ist es falsch! Das Pferd arbeitet zu hektisch und ist nicht korrekt gebogen.

„Nervenkostüm" gefestigt und damit letztlich die Grundlage zur freudigen Zusammenarbeit mit dem Menschen geschaffen.

Nun leben wir allerdings in einem dichtbesiedelten Land und können die Fohlen folglich nicht halbwild aufwachsen lassen. Es bleibt nicht aus, dass wir sie auf die Koppel bringen und wieder abholen. Im Winter stehen sie am Haus und müssen sich mit etwas engeren Ausläufen begnügen. Insofern ist es eine Notwendigkeit, das junge Pferd von klein auf halfterführig zu machen, ihm beizubringen, die Hufe zu geben, sich anbinden und verladen zu lassen - all das wenn möglich nicht „irgendwie" und unter ständiger Lebensgefahr für den menschlichen Pfleger, sondern manierlich und gelassen. Meiner Ansicht nach ist eine solche Grundausbildung lebenswichtig für das moderne Pferd und sollte auf keinen Fall unterbleiben. Bevor das Pferd drei bis dreieinhalb Jahre als ist, gehe ich aber nie darüber hinaus. Das dreijährige Pferd arbeiten wir dann im Round Pen: es läuft frei und lernt, auf Körpersignale und Stimmhilfen zu reagieren. Später kommen Longe und Doppellonge hinzu, angeritten wird erst mit vier bis viereinhalb Jahren. Bis dahin hat das junge Pferd eine stabile Rückenmuskulatur aufgebaut und durch die lange Zusammenarbeit besteht ein stabiles Vertrauensverhältnis zum Ausbilder. Das Anreiten ist so meist völlig unproblematisch.

Ein verspanntes, aufgeregtes Pferd kann nicht sinnvoll arbeiten.

Die Arbeit in Dehnungshaltung

GYMNASTIZIERUNG

Ein wichtiges Thema bei der Frage nach dem richtigen Zeitpunkt zum Anreiten ist für mich auch die Gymnastizierung, der Muskelaufbau des Pferdes. Von Natur aus ist das Pferd nicht dazu bemuskelt, zusätzlich zu seinem eigenen Gewicht auch noch das des Reiters zu tragen. Die Wirbelsäule ist schließlich keine feste Stange, sondern besteht aus beweglichen Elementen, die auf die Stützwirkung der Tragmuskulatur angewiesen sind. Ist letztere nicht genügend gefestigt, bevor man sie mit sechzig, siebzig oder gar hundert zusätzlichen Kilos belastet, so hängt die Wirbelsäule durch, das Pferd empfindet Schmerzen und wehrt sich. Zunächst wird es wahrscheinlich buckeln, später Vermeidungshaltungen einnehmen, also mit hochgenommenem Kopf, Unterhals und verspannter Rückenmuskulatur arbeiten; meist versucht es, unter dem Sattel wegzulaufen. An Versammlung, dressurmäßige Haltung und Harmonie zwischen Reiter und Pferd ist dabei natürlich nicht zu denken. Zudem kann die Arbeit in einer so falschen Haltung auf die Dauer zu irreparablen Schädigungen des Bewegungsapparates führen.

Zu meiner Ausbildungsmethode gehört es deshalb, die Rückenmuskulatur vor dem Anreiten aufzubauen und zu kräftigen, indem ich das Pferd an der Doppellonge gymnastiziere. Die Pferde lernen hier, sich zu biegen und bis zum Schulterherein zu gehen, und nach dem Anreiten Seitengänge wie Travers und Traversale. Die Leinenführung ermöglicht mir, Zügel- und Schenkelhilfen zu simulieren. Erst wenn das Pferd an der Doppellonge Schulterherein im Trab beherrscht, reite ich es vorsichtig an und festige die vom Boden aus erworbenen Kenntnisse und Fähigkeiten unter dem Sattel.

Das fortgeschrittene Pferd: Aufrichtung bei der Arbeit an der Piaffe.

ANATOMISCHE GRUNDKENNTNISSE

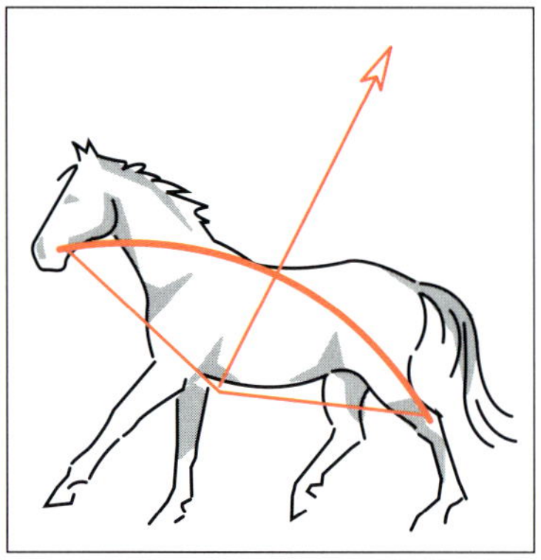

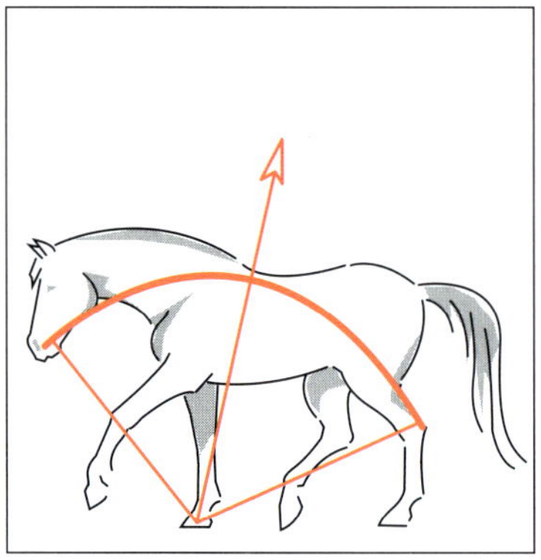

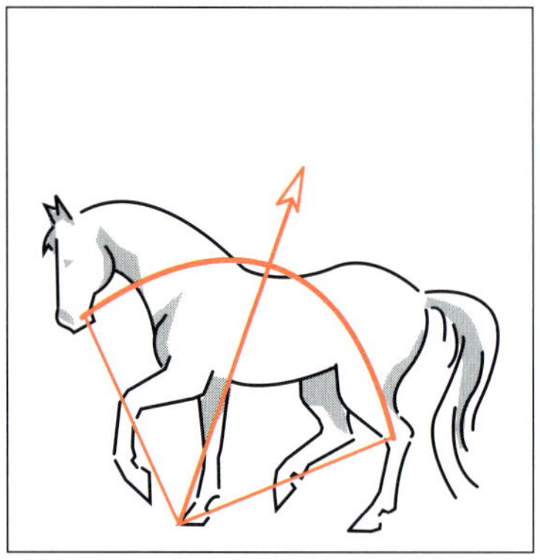

Wenn wir uns auf ein Pferd setzen, thronen wir vereinfacht gesagt auf seiner Wirbelsäule, die sich wie eine Brücke zwischen Vorder- und Hinterbeinen aufwölbt - oder dazwischen durchhängt. Für ihre Haltung ist das komplizierte Zusammenspiel verschiedener Muskeln und Bänder verantwortlich und da der Körper des Pferdes als Ganzheit zu sehen ist, und kein Glied unabhängig vom anderen arbeiten kann, wird sie auch von Halshaltung und Beweglichkeit der Hinterhand beeinflusst. Die Wirbelsäule des Pferdes ist ein beweglicher Stab, bestehend aus 7 Halswirbeln, 17 bis 19 Rückenwirbeln, 6 Lenden- und 5 miteinander verschmolzenen Kreuzbeinwirbeln, sowie 18 bis 20 Schweifwirbeln. Ihre Beweglichkeit ist in der Lendengegend am größten, im Brustbereich am geringsten. Auch die Halswirbelsäule zeigt hohe Flexibilität. Verantwortlich dafür ist das elastische Nackenband, das sich vom Nacken über den Hals zieht, und ihn über die Dornfortsätze der Wirbel mit dem gesamten Rücken bis hin zu den Lenden verbindet. Für Stärkung und Beweglichkeit der Lendenpartie ist weiterhin das Wirbelsäulenband verantwortlich. Beide Bänder sind mit den wichtigsten Hals- und Rückenmuskeln verbunden und arbeiten mit ihnen zusammen. Im Halsbereich spielt hier vor allem die Streckmuskulatur eine Rolle: ein milzförmiger Muskel fungiert als Halsheber und Nackenstrecker. Im Rückenbereich hat der lange Rückenstrecker die wichtigsten Aufgaben. Er steht mit der Halsmuskulatur und der Kruppenmuskulatur in Verbindung und kann das Untertreten der Hinterhand erleichtern, indem er die Vorhand hebt. Andere Muskeln verbinden den Rückenstrecker mit der Rippenpartie. Auch sie können die Hinterhandaktion beeinflussen, indem sie die Rippen nach vorn ziehen. Zuletzt muss die Lenden- und Bauchmuskulatur erwähnt werden. Wenn sich letztere zusammenzieht, wird der Rücken aufgewölbt und damit das Untersetzen gefördert.

Sobald wir das Pferd nun reiten oder es auch nur an der Doppellonge oder mit Hilfszügeln arbeiten, bringen wir es nicht nur dazu, all diese Muskeln in Bewegung zu setzen, sondern wir beeinflussen auch, wie das Pferd es tut. Das kann zu seinem Vorteil geschehen, indem wir es dazu bringen, die Hinterhand stärker untersetzen und den Hals zu dehnen. Damit straffen wir den langen Rückenstrecker und stärken die Tragmuskulatur. Wir können das Pferd aber auch negativ beeinflussen, indem wir es zum Beispiel mit durchgedrücktem Unterhals reiten oder es hinter den Zügel zerren und damit auf die Vorhand fallen lassen. Dann wird der Rücken nicht gestrafft, sondern hängt durch wie eine Hängematte - das Pferd schwingt nicht im Rücken, sondern verspannt sich. Das führt zunächst zu Unwillen und Widersetzlichkeit des Pferdes, langfristig auch zu frühem Verschleiß des Bewegungsapparates.

Um den Reiter gern und ohne Beschwerden tragen zu können, benötigt das Pferd also dringend eine Stärkung und Straffung der Rückenmuskulatur. Das elastische Nackenband muss sich dazu strecken und den Rücken vereinfacht gesagt „anheben" oder „aufwölben". Am einfachsten erreicht man das mit Hilfe der Dehnungshaltung. Das Pferd streckt sich nach vorwärts-abwärts, und über die Anspannung des Nackenbandes übernimmt die Hinterhand automatisch mehr Gewicht und tritt mehr unter. Die Bänder übernehmen in dieser Haltung mehr Arbeit als die Muskulatur und da sie längst nicht so leicht ermüden, kann die Haltung auch vom jungen Pferd leicht und über längere Zeit eingenommen werden. Die Arbeit in Dehnungshaltung ist dem Pferd sehr angenehm. Sobald ein Ausbildungspferd dazu gefunden hat, nimmt es sie auch ohne größere Zügeleinwirkung gern ein. Im Verlauf der Arbeit in Dehnungshaltung erfährt die Rückenmuskulatur Kräftigung. Die Halsmuskulatur wird durch systematische Gymnastizierung flexibler. Damit werden die Muskeln nach und nach befähigt, stärkeren Anteil am Erhalt einer gesunden Trag- und Arbeitshaltung zu übernehmen. Der Reiter und/oder Longenführer kann das Pferd dann in Aufrichtung (Beizäumung) arbeiten. Bei dieser edlen Halshaltung des fortgeschrittenen Dressurpferdes wird die Anspannung des Nackenbandes durch Abknicken im Genick erreicht. Dem Pferd fällt es nun noch leichter unterzutreten, die Vorhand zu entlasten und erhabene, kadenzierte Gänge zu zeigen. Das alles funktioniert aber wie gesagt nur, wenn die Muskulatur vorher gefestigt worden ist. Wie eine Balletttänzerin, die in mehrjährigem Training genügend Muskelkraft erarbeiten muss, um graziös auf Spitzen zu stehen, brauchen auch die Tänzer unter den Pferden Grundlagenarbeit, bevor ihre Haltung und ihre Gänge zur vollen Entfaltung gelangen.

VERSAMMLUNG

Die Frage „Was ist Versammlung, und wozu benötigt man sie?" wird immer wieder diskutiert. Dabei ist die Vorstellung, Versammlung bedeute nichts anderes, als dem Pferd den Kopf herunterzuzerren oder gar zu binden, immer noch weit verbreitet. Dieser gezwungenen Haltung fehlt jedoch jegliche Losgelassenheit, das Pferd hält sich im Rücken fest, tritt nicht unter und macht einen unglücklichen Eindruck. Natürlich leidet es unter Rückenschmerzen, die auch durch den Einsatz von „Gel-Pads" und Spritzen vom Tierarzt nicht zu beheben sind. Letztlich lässt sich nur über geduldige, gymnastizierende Arbeit eine Besserung erreichen.

Für mich bedeutet Versammlung, dass sich das Pferd auf seine Arbeit konzentriert, ordentlich untertritt (mit der Hinterhand mindestens in den Abdruck der Vorhand, besser darüber hinaus) und damit den Schwerpunkt seiner Trag- und Bewegungsarbeit von der Vorhand auf die kräftigere Hinterhand verlagert. Dabei ändert sich seine Kopf-Hals-Haltung automatisch. Es wird zunächst die Dehnungshaltung einnehmen, sich also nach vorwärts-abwärts strecken, und kann später, wenn sich die Haltemuskulatur genügend gefestigt hat, in Aufrichtung geritten werden.

Keine der dabei eingenommenen Haltungen ist übrigens eine „unnatürliche", wie fehlinformierte Anhänger angeblich „natürlicher" und „pferdefreundlicher" Reitweisen gern behaupten. Eine Streckung nach vorwärts-abwärts findet zum Beispiel immer dann statt, wenn das Pferd auf der Suche nach einem besonders leckeren Grasbüschel herumschlendert; Aufrichtung zeigt jedes Pferd im Rahmen des Imponiergehabes. Trotzdem bewegt sich das freilaufende Pferd natürlich nicht in Versammlung. Das muss es auch nicht, denn es hat ja kein zusätzliches Gewicht zu tragen, sondern muss lediglich mit seiner eigenen Körpermasse fertig werden. Dabei wird sein Gewicht zu etwa 3/5 von der Vorhand, 2/5 von der Hinterhand aufgenommen.

Ich vergleiche das junge Pferd gern mit einem Menschenkind, das gerade gelernt hat, aufrecht zu gehen und sein eigenes Gewicht auszubalancieren. Schnallt man ihm nun einen schweren Rucksack um, so gerät es schnell aus dem Gleichgewicht. Es muss erst lernen, schwere Lasten richtig zu tragen - und die Häufigkeit von Wirbelsäulenerkrankungen beweist, dass viele Menschen diese Fertigkeit bis ins Erwachsenenalter hinein nicht erwerben!

Genau wie der Mensch dazu neigt, Gewichte mit gebeugtem Rücken vor sich her zu tragen und damit seinen Schwerpunkt auf ungesunde Weise nach vorn zu verlagern, nimmt auch das Pferd das Reitergewicht zunächst mit der Vorhand auf. Das wird noch dadurch unterstützt, dass der Sattel näher an der Vorhand als an der Hinterhand des Pferdes liegt. Eine Veränderung dieser Lage ist nicht möglich, da ansonsten die Nierenregion des Pferdes überbelastet würde. Die Angewohnheit vieler Gangpferdereiter, den Sattel extrem weit nach hinten zu legen, um die Vorhand frei für hohe Töltaktion zu halten, ist unbedingt abzulehnen. Auch beim Gangpferd führt nur geduldige Gymnastizierung zur natürlichen Verlagerung der Tragarbeit auf die Hinterhand, und gewährleistet damit Gesundheit und ein langes Leben als Reitpferd.

Kommen wir aber noch einmal zurück zu dem Reiter, der die Vorhand des Pferdes übermäßig belastet. Ein einziger Blick auf Knochenbau und Muskulatur eines Pferdes genügt, um zu erkennen, dass die Hinterhand sehr viel kräftiger ist als die Vorhand. Sie bildet auch beim freilaufenden Pferd den „Motor" und „Antrieb", während die leichte Vorhand eher für Richtungsänderungen verantwortlich ist. Man könnte auch sagen, sie sei mit der „Steuerung" des Pferdes betraut. Setzt sich der Reiter nun auf diese „Steuerung", so wird sie härter, setzt Lenkversuchen Widerstand entgegen. Der Reiter reagiert darauf mit vermehrtem Druck, das Pferd wird ärgerlich und hat erst gar keine Chance, Freude an der Zusammenarbeit zu entwickeln. Insofern ist es für jeden Reiter - nicht nur für den mit Dressurambitionen - wichtig, sein Pferd dazu zu bringen, die kräftigere Hinterhand zur vermehrten Gewichtsaufnahme und damit zum Untertreten zu bewegen. Auch ein erklärter Freizeitreiter, der nichts anderes möchte, als mit seinem Pferd durch den Wald zu reiten, kann nicht auf ein Mindestmaß an Versammlung verzichten. In der Grundausbildung trainieren wir den Körper des Pferdes, zeigen ihm, wie es sich tragen und einstellen muss, um unser zusätzliches Gewicht auszubalancieren.

LINKS: Ein junges Pferd muss lernen, das Reitergewicht auszubalancieren.

RECHTS: Die Pesade fordert wie alle Schulen über der Erde einen sehr hohen Versammlungsgrad.

Man kann diese Ausbildung mit Kursen zur „Rückenschulung" vergleichen, denen sich viele Menschen unterwerfen, um zu lernen, wie man Hausarbeit und Tragarbeit rücken- und gelenkfreundlich erledigt. Meine Schüler und ich bevorzugen dazu den klassischen Weg über Doppellongenarbeit und Seitengänge, aber natürlich führen auch andere Ausbildungsmethoden, wie etwa die der Westernreiter, zum gleichen Ziel. Letztendlich bauen ja alle traditionellen Reitweisen auf der Klassischen Schule auf.

Der Hengst attackiert um seinen Rang zu verbessern ...

... weicht aber vor der aggressiven Antwort des Ausbilders zurück.

Rückwärtsrichten als disziplinierende Maßnahme - zunächst aggressiv ...

... dann ruhiger wie im Rahmen der Alltagsarbeit.

Das erste Friedensangebot des Ranghöheren ...

... und letztlich ein Lob des „Alpha-Tieres Mensch!“.

Condo versteht die Zeichen mit Peitsche und Handstock und tritt willig zurück.

1. 2. PROBLEME ZWISCHEN PFERD UND REITER

Probleme zwischen Pferd und Reiter resultieren meist aus Verständnisschwierigkeiten. Für einen Menschen ist es gar nicht so einfach, die andersartige Form der Wahrnehmung und Kommunikation des Pferdes zu begreifen und sich ihr dann auch noch anzupassen. Wir Menschen sind der körpersprachlichen Kommunikation längst entfremdet. Unsere Lautsprache hat uns davon unabhängig gemacht, andere Menschen und erst recht Tiere genau zu beobachten. Dazu hat sie uns sprachliche Nuancen und Regeln ermöglicht, die im körpersprachlichen Bereich nur begrenzt zur Verfügung stehen. So drücken wir uns zum Beispiel nur selten drastisch aus. Ein Mensch wäre pikiert, würde sein Chef ihn mit einem „Wird's bald, du frecher Emporkömmling!“ von seinem Schreibtisch scheuchen. Das braucht der Chef auch gar nicht, denn sein Untergebener versteht ja die Drohung hinter dem höflichen „Auf meinem Schreibtisch finden Sie Ihre Unterlagen sicher nicht, Herr Müller!“ Als höfliche Menschen neigen wir nun dazu, uns auch dem Pferd auf diese indirekte Art zuzuwenden. Wir zeigen ihm nicht deutlich mit Peitsche und Handstock, was wir von ihm wollen, sondern ergehen uns in Andeutungen. Getreu der vielfältigen Ausdrucksmöglichkeiten der menschlichen Sprache fordern wir es heute mit „Halt“, morgen mit „Brrr“ übermorgen mit „Ho“ zum Anhalten auf. Über kleine Übertretungen unserer Gebote - das Pferd macht zum Beispiel nach dem Anhalten noch einen Schritt vorwärts - sehen wir hinweg, wie wir auch im Büro um des guten Betriebsklimas willen dulden, dass Herr Müller private Telefongespräche führt. Leider sind dem Pferd diese Gedankengänge völlig fremd. Pferde drücken sich klar - und oft genug drastisch! - aus. Kommt ihnen ein rangniedrigeres Pferd in die Quere, so beißen sie es weg - ohne vorher Bitte zu sagen und ohne Diskussion. Inkonsequenz empfinden sie als Schwäche, und Schwächen ihrer Vorgesetzten nutzen sie direkt aus, um sich selbst in der Rangordnung vorzuarbeiten. Da Pferde allein körpersprachlich kommunizieren - Wiehern ist lediglich ein Verständigungsmittel über weitere Entfernungen - sind sie von Geburt an auf Beobachtung geschult. Aus jeder Bewegung ihres Herdenkameraden ziehen sie Schlüsse auf Stärke, Willenskraft, Entschlossenheit und damit Rangplatz. Sie ordnen sich nur unter, wenn sie den anderen als stärker und damit als potentiellen Beschützer anerkennen. Dann unterwerfen sie sich jedoch gern. Die menschliche Vorstellung, ein Verzicht auf die Macht in einer Gruppe wäre

immer mit Demütigung verbunden, ist dem Pferd nicht geläufig. Einem anerkannten Vorgesetzten unterwirft es sich gern und ohne Probleme. Der „Chef" vermittelt ihm ein Gefühl der Sicherheit und des Vertrauens - er übernimmt im Ernstfall des freien Herdenlebens ja auch einiges an Risiken und Gefahren.

Schließlich ist es das Leitpferd, das den anderen vorausgeht und lauernden Raubtieren damit in vorderster Front gegenüber steht.

Wenn wir in die Rolle dieses anerkannten Herdenchefs schlüpfen wollen, sind Konsequenz und deutliche Hilfengebung unumgänglich. Der Reiter muss lernen, freundlich, aber bestimmt mit seinem Pferd umzugehen, dann lösen sich Verständnisprobleme schnell von selbst.

Einzelschwierigkeiten

Neben grundsätzlichen, aus Rangordnungsproblemen resultierenden Schwierigkeiten gibt es natürlich noch Einzelschwierigkeiten. So gelingt es dem Reiter-Pferde-Paar zum Beispiel nicht, eine bestimmte Übung auszuführen, oder das Pferd zeigt schwere Verhaltensprobleme wie etwa Bocken oder Sattelzwang. Ersteres lässt sich meist relativ schnell beheben, indem man sich einem guten Reitlehrer anvertraut. Gewöhnlich beruht es entweder auf technischen Fehlern in der Hilfengebung, oder es liegt daran, dass man den „richtigen Schaltknopf" beim Pferd noch nicht gefunden hat. Wir holen heute Pferde aus den unterschiedlichsten Ländern, und oft sind es voll ausgebildete Tiere. Mitunter arbeiten die Bereiter im Ursprungsland jedoch mit etwas anderen Hilfen als wir sie kennen. Dann können wir nur herumprobieren oder uns an einen Fachmann für die jeweilige Rasse wenden, der uns vielleicht sagen kann, auf welche Zeichen das Pferd trainiert ist.

Schwerer zu beheben sind die genannten Verhaltensprobleme. Sie beweisen, dass irgendwann im Laufe der Ausbildung dieses Pferdes gravierende Fehler gemacht worden sind. Oft erfährt man nie genau, welche, denn meist tauchen diese Probleme bei neu gekauften Pferden auf. Um sie zu beheben kann man nichts anderes tun, als zurück zu ihren Wurzeln zu gehen. Die Ausbildung des Pferdes muss nachgeholt und seine Erfahrungen korrigiert werden. Oft bedeutet das, wieder mit der ersten Arbeit im Round Pen zu beginnen, um dem Pferd Vertrauen zu Mensch und Ausrüstungsgegenständen zu vermitteln. Oft ist auch Doppellongenarbeit über einen längeren Zeitpunkt hinweg angebracht um die Rückenmuskulatur zu kräftigen und Bocken vorzubeugen. Fast immer ist eine solche Korrektur schwierig und zeitaufwendig. Wenn man dadurch jedoch zu neuer Harmonie zwischen Mensch und Pferd findet, so hat sich die Anstrengung letztlich gelohnt!

Das Lob gibt dem Hengst Sicherheit im Show-Stress.

Lob und Belohnung

Lob schafft Selbstvertrauen!

Zu einem guten Ausbildungsstil gehört es, viel zu loben, aber wirklich nur dann, wenn es Gründe zu loben gibt. Viele Reiter stopfen ihre Pferde geradezu mit Belohnungswürfeln voll, egal ob die Tiere etwas Erwähnenswertes getan haben oder nicht. Begreiflicherweise machen sich die so verwöhnten Pferde kaum noch die Mühe, die Gunst ihres Besitzers zu erhalten. Das Futter kommt ja so oder so. Oft erlebt man hier auch aggressive Reaktionen der Pferde: der Mensch wird gebissen oder bedroht, wenn er nicht alle paar Minuten einen Leckerbissen nachschiebt. Viele Ausbilder sprechen sich deshalb kategorisch gegen Belohnungen mit Futter aus. Andere, allen voran der große Fredy Knie sen., setzen die Leckerbissen gern und sinnvoll ein.

Letztlich ist beim Thema „Belohnung" wie bei vielen anderen Fragestellungen rund ums Pferd nicht das „ob", sondern das „wie" entscheidend. Im Rahmen meiner Arbeit erhalten die Pferde nur dann einen Leckerbissen, wenn sie etwas wirklich Besonderes getan haben, meist im Bereich der Erarbeitung von Zirkuslektionen. Bei der ganz normalen Arbeit mit dem Pferd beschränke ich mich in der Regel auf ein Lob mit freundlichen Worten. Ich nehme weiterhin Körperkontakt mit ihm auf, indem ich ihm über die Stirnpartie, die Augen, den Mähnenkamm streichele. Die freundliche Zuwendung des Herdenchefs ist dem Pferd sehr wichtig und so stellt all dies eine wirkliche Belohnung dar.

Eine Belohnung kann auch darin bestehen, dass man die Arbeit für heute abbricht, nachdem das Pferd eine neue Lektion besonders gut gemeistert hat, oder dass man es aus der Versammlung entlässt und ein paar Runden am langen Zügel gehen lässt. Leckerwürfel setze ich lediglich bei Aufgaben ein, die durch die „Versüßung" deutlich leichter verständlich werden. So erhält das Pferd zum Beispiel einen Leckerbissen, wenn es zum Appell zu mir kommt. Es wird die Aufgabe dann immer freudiger erfüllen. Bei der Erarbeitung des Kompliments oder des Pliés weise ich dem Pferd mit dem Leckerbissen den Weg in die Tiefe.

Natürlich darf ein solches Belohnen des Pferdes niemals dazu führen, dass mein Pferd in meine Taschen beißt oder andere Anstalten macht, die Belohnung aggressiv zu fordern. Hier ist wieder die Kunst des Ausbilders gefragt: Wenn Sie wirklich der Chef in Ihrer Mensch-Pferd-Herde sind, wird sich das Pferd niemals Frechheiten herausnehmen. Sind Sie es dagegen nicht, riskieren Sie Übergriffe, auch wenn Sie das Pferd grundsätzlich nicht aus der Hand füttern!

2. LONGENARBEIT FÜR DAS REITPFERD

Longenarbeit, bzw. Freiarbeit wie die hier beschriebene ist für jedes Pferd sinnvoll und eine ideale Vorbereitung auf die Arbeit unter dem Sattel. Im Allgemeinen beginne ich diese Ausbildung mit einem dreijährigen Pferd. Früher ist das nicht sehr sinnvoll, da die Arbeit auf der Kreisbahn das Pferd physisch zu stark belasten könnte. Auch psychisch bringt das sehr junge Pferd kaum genügend Konzentration und Ernst auf um eine sinnvolle Arbeitseinheit durchzustehen und davon zu profitieren. Ein Dreijähriger durchläuft die Grundschule dagegen schnell und problemlos. Natürlich hängt das Fortkommen bei der Arbeit dabei sehr von seiner individuellen geistigen und körperlichen Entwicklung und vom Geschick des Ausbilders ab. Wer klassische Arbeitstechniken zusammen mit seinem Pferd erlernt, braucht verständlicherweise länger für die Vermittlung der Grundfertigkeiten als ein erfahrener Trainer. Insgesamt sollten auf jeden Fall mehrere Monate bis ein Jahr für die Erarbeitung der Grundlagen und der ersten Arbeit an der Doppellonge eingerechnet werden. Zugeritten wird das Pferd bei mir erst, wenn es Schulterherein im Schritt und Trab an der Doppellonge zeigt. Meine Pferde nehme ich deshalb meist erst mit vier Jahren unter den Sattel. Sie lernen dann schneller und konzentrierter und haben das im Blitztempo ausgebildete „Sportpferd“ ausbildungsmäßig bald überholt.

Natürlich wird die Bodenarbeit in meiner Ausbildungsmethode auch weitergeführt, nachdem das Pferd angeritten wurde. Reiten und Longenarbeit laufen parallel nebeneinander. So werden zum Beispiel neue Lektionen grundsätzlich zunächst vom Boden aus eingeübt. Auch in den Round Pen gehe ich immer wieder zurück. Das alles schafft Abwechslung im Arbeitsplan meiner Pferde und erhält ihre Freude an der Beschäftigung mit mir.

2. 1. Round Pen-Arbeit Frei im Zirkel

Die erste Lektion im Round Pen: gelassen vorwärts gehen.

Vertrauensbildende Maßnahmen: das junge Pferd muss sich überall anfassen und streicheln lassen.

Unter dem Begriff „Round Pen-Arbeit“ sind verschiedene Trainingsmethoden gebräuchlich, die zwar alle mit gleichen oder ähnlichen Hilfen arbeiten, aber in Pferdefreundlichkeit und Philosophie stark voneinander abweichen. Das reicht von der Round Pen- „Zähmungsmethode“, in deren Rahmen völlig rohe Pferde innerhalb weniger Stunden dazu gebracht werden, Sattel und Reiter scheinbar freudig zu tragen, bis hin zu Ausbildern, die altbewährte und in aller Welt verbreitete Techniken zu einer Geheimphilosophie aufbauschen und sich selbst zu ihrem Hüter erklären. Für mich ist Round Pen-Arbeit eine sehr angenehme und relativ einfache Art, ein junges Pferd kennen zu lernen, an die Einflussnahme seines Ausbilders zu gewöhnen und ihm erste Vorstellungen von Respekt vor dem Menschen und ernsthafter Arbeit zu vermitteln. Sie hat für mich keine philosophischen, aber eine Vielfalt psychologischer Aspekte, die eine positive Beeinflussung des Pferdes und seines Verhaltens ermöglichen, aber leider auch zu Missbrauch und Manipulation des Tieres führen können.

Respekt, Vertrauen und Gehorsam

Respekt, Vertrauen und Gehorsam sind für mich die Säulen jeder Pferdeausbildung. Erst, wenn das Verhältnis zwischen Mensch und Pferd von gegenseitigem Vertrauen, aber auch Bereitschaft des Pferdes zur willigen Unterordnung geprägt ist, kann weiterführende Dressurarbeit greifen. An einem so positiven Mensch-Pferd-Verhältnis arbeite ich nicht nur in den Trainingssequenzen, sondern bei jedem Umgang mit dem Pferd. Sobald das Pferd in unseren Stall einzieht, wird es an klare Anweisungen und Hilfengebungen gewöhnt. Dazu gehört zum Beispiel, dass es einheitliche Befehle zum Stehenbleiben, Rückwärtsgehen und ähnliche Grundfertigkeiten gibt. Es wäre völlig unsinnig, das Pferd am Anbindebalken mit einem „Steh!“ zur Ruhe zu ermahnen, während man bei der Round Pen-Arbeit mit „Ho!“ arbeitet. Das Pferd muss sich auf mich, meine Anweisungen und Hilfen immer verlassen können. Das gilt im positiven Sinne - indem es zum Beispiel weiß, für welche Handlungen es gelobt und belohnt wird -, aber auch im negativen. Fehlverhalten wird immer getadelt oder gestraft und nicht nur ab und zu, nicht nur in der Reitbahn, sondern auch am Anbinder und im

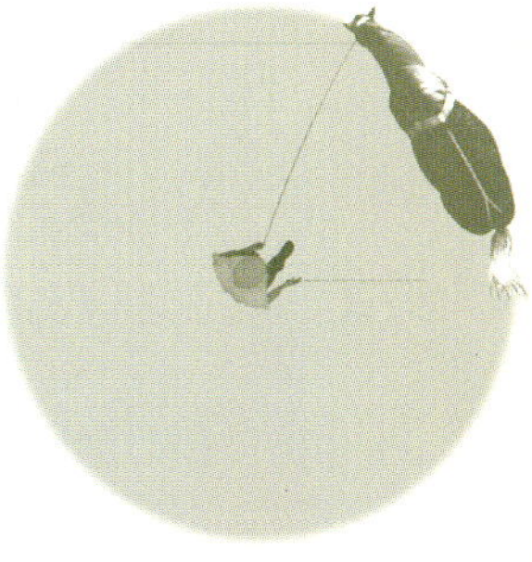

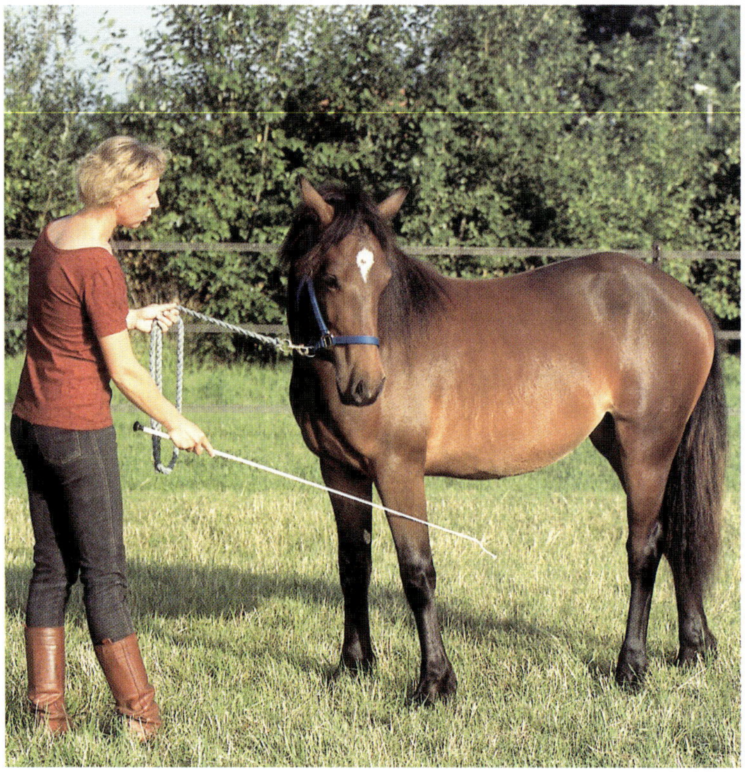

Vor dem Beginn jeder Arbeit wird das Pferd mit der Gerte vertraut gemacht. Foto: Lenz

Stall. Für das Pferd bin ich der Boss, aber wenn es aufpasst und konzentriert mit mir arbeitet, bin ich berechenbar. Das schafft eine Atmosphäre der Sicherheit, in der ein Pferd gern arbeitet und sich freudig unterordnet.

Strafen bedeutet aber nicht, das Pferd zu schlagen, sondern mit Übungen zu korrigieren. So können Pferde aus ihren Fehlern lernen. Konsequenz und Fairness und vor allem viel Geduld sind für mich die wichtigsten Hilfsmittel bei der Pferdeausbildung. Trainiert wird nicht Schrittgehen oder Traben, sondern trainiert wird die Kommunikation zwischen Pferd und Mensch.

Ausrüstung und Arbeitsplatz

Round Pen-Ersatz: der Longierzirkel aus Flatterband. Es darf das Handwerkszeug des Ausbilders nicht fürchten. Foto: Lenz

Um miteinander arbeiten zu können, brauchen Mensch und Pferd einen überschaubaren Raum. Wird die Fläche zu groß, kann sich das Pferd dem Menschen mit wenigen Galoppsprüngen entziehen, und die Kontaktaufnahme wird zur Laufkonkurrenz. Aus diesem Grund arbeite ich meine Pferde in einem Longierzirkel von etwa 20 m Durchmesser. Natürlich käme auch ein kleinerer Round Pen in Frage, aber je enger die Wendungen im Zirkel sind, desto stärker wird der Bewegungsapparat des Pferdes belastet. Ein Round Pen im Durchmesser unter 14 bis 15 Meter ist für regelmäßige Ausbildungsarbeit nicht geeignet. Das gilt auch für Vierecke mit geringerer Seitenlänge. Ich ziehe den Longierzirkel dem Viereck übrigens eindeutig vor. Im Kreis kann sich das Pferd nicht in den Ecken „verkriechen" und man kann deshalb eher auf die Longe verzichten und das Pferd ganz frei arbeiten.

Mein Round Pen hat eine hohe Stangeneinzäunung. Sie verhindert ein Herausspringen des Pferdes, ermöglicht aber Einblick von außen und schließt Pferd und Ausbilder auch nicht vollständig von der Außenwelt ab. Ein geschlossener Round Pen wie in manchen Westernställen ist für meine Arbeitsweise nicht nötig. Viele meiner Schüler arbeiten sogar nur mit einem einfachen Zirkel aus Flatterband, aufgestellt auf der heimischen Wiese. Das ist allerdings nur innerhalb einer geschlossenen Weideeinzäunung empfehlenswert.

Als Hilfsmittel zum Treiben und Verhalten des Pferdes verwende ich eine Longierpeitsche. Sie sollte nicht zu schwer sein und lang genug um das Pferd auch von der Mitte des Zirkels aus mit dem Schlag touchieren zu können. Das ist bei der ersten Round Pen-Arbeit zwar noch nicht so relevant, gewinnt aber später an der einfachen Longe und Doppellonge an Bedeutung.

Gerten und Handstöcke

Leichte, hochwertige Longierpeitschen sind unerlässlich.

Handstöcke, Gerten und Peitschen

Handstöcke, Peitschen und Gerten sind das wichtigste Handwerkszeug bei der Bodenarbeit. Es empfiehlt sich, mit hochwertigen Modellen zu arbeiten, denn mit schweren, unflexiblen Stücken werden die Hilfen unpräzise und unangenehm für das Pferd. Zudem wird die Führung schwerer Stöcke schon nach kurzer Zeit so unangenehm, dass die Arme erlahmen und besonders dem untrainierten Ausbilder schnell der Spaß an der Arbeit vergeht. Das erste Foto zeigt ein paar empfehlenswerte Gerten und Handstockmodelle. Ganz links steht eine 1,20 m lange Dressurgerte aus Fiberglas, leicht und schwingfähig, also angenehm und präzise einzusetzen. Daneben ein weißer Glasfiber-Handstock, 1,50 m lang mit Stehbogen und kurzem Nylongeflecht zum weichen Touchieren. Solche Handstöcke verwende ich für die Manegenarbeit. Das dritte Modell ist ein Touchierstock, etwa 1,60 m lang, ebenfalls mit Stehbogen und wesentlich länger geflochtenen Schmitz am Ende. Mit diesem weichen, schwingfähigen Stock touchiere ich Dressurlektionen wie Piaffe und Spanischen Schritt. Ganz rechts steht ein Rohrstock, also eine Peitsche aus Naturmaterial. Sie ist wesentlich weicher als die Glasfibermodelle und federt weniger zurück. Für einen Handstock hat sie einen sehr langen Schmitz. Das Modell empfiehlt sich für besonders sensible Pferde und Pferde, die bereits mit der Arbeit an Piaffe und Passage vertraut sind, aber etwas Nachhilfe in Sachen Takt und Untertreten benötigen.

Longierpeitschen sind in Massen auf dem Markt, aber nur wenige entsprechen den Qualitätskriterien, die man anlegen muss, wenn man ein Pferd dressurmäßig vom Boden aus arbeiten will. Auch hier habe ich ein paar empfehlenswerte Modelle auf einem Foto zusammengestellt.

Die Gesamtlänge einer Peitsche, also Stock und Schlag, richtet sich immer nach der Arbeitsdistanz. Ganz links steht ein Sulgenholzstock, in seiner Flexibilität vergleichbar mit einem Rattan-Modell. Die Peitsche hat einen drei Meter langen Lederschlag mit einem Nylonschmitz am Ende. Nylonschmitze eignen sich sehr gut dazu, mit der Peitsche gezielt Geräusche zu erzeugen. Wenn sie kaputt gehen, sind sie leicht ersetzbar. Natürlich lassen sich akustische Signale auch allein mit dem Lederschlag geben, aber der leidet darunter stark. Nylonschmitze helfen also dabei, die Haltbarkeitsdauer der wertvollen Schläge zu verlängern. Ich setze diese Peitsche gleichermaßen in der Manegenarbeit wie in der Doppellongenarbeit ein. Sie ist robust und leicht zu führen und damit auch für Anfänger geeignet. Wie alle anderen Peitschen aus Naturmaterialien verträgt sie aber kein längeres Aufstellen und Hinlegen, sondern sollte hängend aufbewahrt werden, wenn sie gerade nicht im Einsatz ist. Die beiden rechts stehenden Peitschen sind Glasfibermodelle mit unterschiedlichen Stocklängen. Die erste ist 1,50 m lang und hat einen 2,70 m langen Schlag und einen fest an das Leder geflochtenen, etwa 30 cm langen Schmitz. Sie erlaubt damit sehr genaue Einwirkung und wird vornehmlich in der Manegenarbeit eingesetzt. Ganz rechts steht eine etwa 1,80 m lange Peitsche mit einem etwa 3,50 m langen Schlag. Ich verwende sie vornehmlich beim Longieren an der Doppellonge, also wenn ich in relativ großer Distanz vom Pferd arbeite.

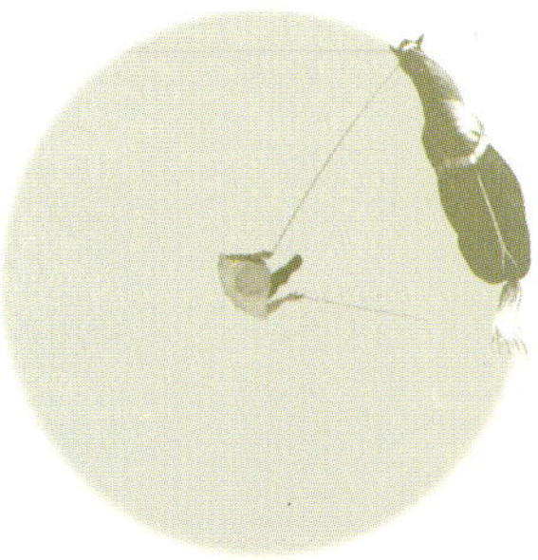

Körpersprachliche Hilfen

Um Vertrauen zum Ausbilder aufzubauen, muss das Pferd zunächst einmal verstehen, dass der Mensch ihm nichts Böses will und nichts Unmögliches von ihm verlangt. Am besten erreicht man das mit einem Hilfenkanon, der dem natürlichen Verhalten des Pferdes so weit als möglich angepasst ist und deshalb sofort von ihm verstanden wird. Da Pferde unter sich fast ausschließlich körpersprachlich kommunizieren, setze ich Ausdruck und Bewegungen zur Verständigung ein. Das ist im Übrigen nichts Neues oder Geheimnisvolles. Bis zu einem gewissen Grad nutzt jede Hilfengebung in jeder Reitweise körpersprachliche Mittel. Die körpersprachliche Kommunikation der Pferde untereinander ist auch nicht schwer zu durchschauen. Im Grunde genügt die eintägige Beobachtung einer Pferdeherde zum Verständnis der wichtigsten Zeichen. Im Wesentlichen beschränken Pferde ihre Mitteilungen schließlich auf das, was auch wir Menschen im Round Pen von ihnen wollen: „Geh weg!“, „Schneller!“, „Komm her!“, „Bis hier hin und nicht weiter!“, „Halt an, ich will was von dir!“. Der aufmerksame Beobachter erkennt dabei schnell, dass sich das treibende Pferd dem Artgenossen von seitlich hinten nähert, und ein ranghöheres Tier das rangniedrigere nicht höher als bis zu seiner Schulter aufschließen lässt. Ein herankommendes Pferd wird gestoppt und eventuell abgewehrt, indem das ranghöhere seine Schulter ansteuert oder ihm gar in den Weg tritt. Auch die Abstufungen dieser Zeichensprache sind unschwer zu erkennen. Die allseits anerkannte Leitstute erreicht ihre Absichten bereits mit einem kurzen Ohrenanlegen und Drohen in Richtung des anderen Pferdes. Ein Tier, das noch um seinen Rangplatz kämpft, muss deutlicher werden, um seine Ziele durchzusetzen.
Der „Trick“ bei der körpersprachlichen Kommunikation zwischen Mensch und Pferd besteht darin, diese Bewegungen nachzuahmen und sich dem Pferd als freundliches, aber eindeutig ranghöheres Wesen zu präsentieren.

Zum ersten Mal im Round Pen

Die erste Arbeitssequenz im Round Pen ist eine Art „Schnupperphase“, ein Kennenlernen zwischen Ausbilder und Pferd. Ich lasse das Pferd dabei grundsätzlich frei und bleibe ruhig in der Mitte stehen, während es herumgeht und seine neue Umgebung in Ruhe begutachtet. Nachdem es genügend Zeit hatte, das Terrain zu sondieren, beginne ich, seine Sensibilität zu testen und herauszufinden, wie gut es auf meine körpersprachlichen Hilfen reagiert. So gehe ich zum Beispiel auf seine Kruppe zu und treibe es damit an. Unsichere, scheue, mit dem Menschen noch wenig vertraute Pferde reagieren darauf deutlicher, als sehr menschenbezogene; hochblütigere eher als zum Beispiel nordische Ponys. Das bedeutet allerdings nicht, dass eine Pferderasse die Hilfe besser versteht als die andere - das Prinzip körpersprachlicher Hilfen ist in Pferdekreisen zwischen Arabien und Island das gleiche. Manche Pferde sind allerdings etwas dickfelliger als andere - auch in reinen Pferdeherden differiert die Aktion danach, ob hier reaktionsschnelle Sensibelchen oder ruhige Vertreter dominieren. Ich lasse mich also nicht von mangelnden Reaktionen beirren, sondern helfe im Bedarfsfall etwas mit der Peitsche nach. Als nächstes versuche ich das Pferd zu stoppen, wie im nächsten Absatz beschrieben. Auch hier erkenne ich, ob ich ein eher ruhiges oder eher hektisches, ein gelassenes oder besonders aufmerksames Pferd vor mir habe. Ich gebe die Hilfen ruhiger oder mit mehr Esprit, treibe oder verhalte. Meine Botschaft an das jeweilige Pferd ist aber immer die gleiche: ich vermittele ihm meine höhere Rangposition.

OBEN: Die Hilfen zum Anhalten

LINKS: Peitschenhilfen unterstreichen körpersprachliche Hilfen.

Auch der Mensch bleibt im Round Pen immer in Bewegung.

GRUNDPOSITIONEN UND „DOMINANZBEREICHE“

Im Round Pen sind Pferd und Ausbilder allein miteinander. Das ist sehr wichtig, denn das Pferd als von Grund auf soziales Wesen wird sehr bald den Kontakt zum Menschen als einzigem, möglichen Sozialpartner suchen. In diesem Umstand liegt auch die Erklärung für die geheimnisvollen „Wunderheilungen“ auch schwierigster Pferde im Round Pen oder Viereck, auf die ich später kurz eingehen werde.

Betrachten wir zunächst die „Grundpositionen“ von Ausbilder und Pferd im Round Pen, wobei wir davon ausgehen, dass sich das Pferd auf dem Hufschlag bewegt. Auch der Mensch bleibt grundsätzlich in Bewegung: auf einem kleinen Zirkel in der Mitte des Round Pens. Das entspricht zwar nicht dem Longieren im Rahmen des „Deutschen Reitstils“, hat sich jedoch bewährt. Wenn Sie bei der Arbeit an der Longe trotzdem an den deutschen Traditionen festhalten wollen, müssen Sie mit einem Helfer arbeiten: während Sie Ihre Position mit dem Pferd ändern, führt er die Longe von der Zirkelmitte aus.

In der neutralen Grundposition, in der keine Einwirkung erfolgt, bewegt sich der Mensch etwa auf Höhe der Sattellage, im Winkel von ca. 90 Grad zum Pferd.

Will man das Tempo des Pferdes verringern oder es stoppen, so verlagert man seine Position auf die Höhe der Schulter oder des Kopfes. Weniger sensiblen Pferden muss man sich auch schon mal „in den Weg stellen“. Dazu bewegt man sich auf einen Punkt zwei bis drei Meter vor dem Pferd zu, auf dem man sich treffen würde, wenn das Pferd jetzt nicht stoppte. Selbstverständlich führe ich schon bei den ersten Stopps im Round Pen eine Stimmhilfe für das Anhalten ein. Das Pferd soll möglichst bald lernen, allein auf meinen Zuruf hin zu stoppen. Zum Treiben des Pferdes nimmt man die Position auf Höhe der Kruppe bis etwas hinter der Kruppe ein. Bei weniger sensiblen Pferden nähert man sich dabei dem Hufschlag und hilft auch ein wenig mit der Longierpeitsche nach. Auch hier werden sofort Stimmbefehle für die jeweiligen Gangarten eingeführt.

All das klingt geradezu lächerlich einfach, muss tatsächlich aber einige Zeit geübt werden. Der Erfolg ist hier sehr davon abhängig, wie prägnant und sicher die Hilfen gegeben werden. Auch müssen sie im exakt richtigen Moment erfolgen. Bei der Round Pen-Arbeit ist es zentral wichtig, das Pferd genau zu beobachten, damit man schon bei der kleinsten Eigenmächtigkeit korrigierend einwirken kann. Das Pferd selbst bemerkt jede Schwäche seines Ausbilders. Es wird sich nur unterordnen, wenn es den Menschen als fähigen Herdenchef schätzen lernt.

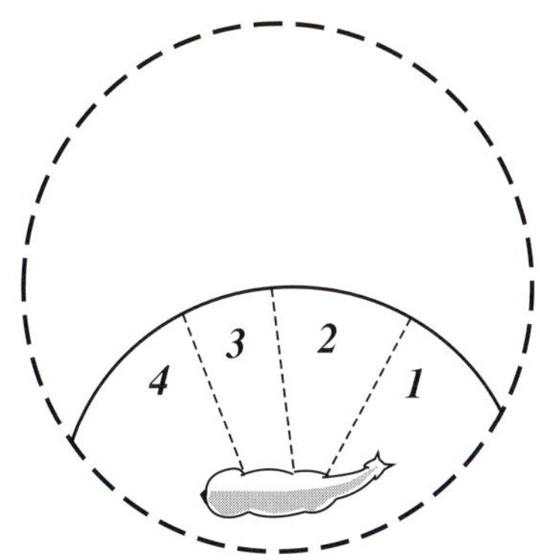

HILFENGEBUNG MIT „ESPRIT“

Grundsätzlich ist Ruhe und Gelassenheit im Umgang mit Pferden eine gute Sache. Insbesondere bei der Arbeit im Round Pen sollte der leise Umgangston aber nicht übertrieben werden. Im Round Pen möchte ich ein waches, aufmerksames Pferd, das meine Bewegungen registriert und Anweisungen schnell Folge leistet. Das erreiche ich jedoch nicht, indem ich meine Anweisungen flüstere und dem Pferd in den Weg schleiche, statt zu laufen. Körpersprachliche Hilfen verlangen etwas Temperament, etwas „Esprit“. Auf gar keinen Fall dürfen sie unsicher und schleppend gegeben werden. Der Ausbilder im Round Pen muss die Selbstsicherheit des ranghöheren Partners ausstrahlen, sich also prägnant und schwungvoll bewegen.

Das bedeutet allerdings nicht, plötzlich hinter dem Pferd aufzuspringen und es zu erschrecken, oder sinnlos Hektik zu verbreiten, indem man das Pferd ständig in Atem hält. Ihr vierbeiniger Partner ist bei der Arbeit, nicht auf der Flucht! Erhalten Sie seine Aufmerksamkeit, aber ängstigen Sie ihn nicht!

OBEN: Ein guter Ausbilder braucht Energie und Ausstrahlung. Foto: Berg

UNTEN: Lediglich bei der Erarbeitung des Appells bewegt sich der Ausbilder im Round Pen rückwärts.

FEHLER VERMEIDEN!

Im Round Pen versuchen Sie sich in Kommunikation in der Sprache des Pferdes. Das Pferd wird Ihre Bewegungen ausdeuten wie die eines gleichartigen Partners. Machen Sie also keine grundlegenden Fehler, wie etwa den, dem Pferd nach rückwärts auszuweichen. Das Pferd deutet das als Unterlegenheitsgeste und unbewusst setzt der Ausbilder es oft auch tatsächlich so ein. Unser Unterbewusstsein kann uns im Round Pen manchen Streich spielen. Achten Sie also auf Ihre Haltung und bleiben Sie aufgeschlossen gegenüber jeder Kritik. Ob der Beobachter am Rand Ihres Round Pens ein Sachverständiger ist oder nicht: wenn Ihre Hilfengebung bei ihm den Eindruck von Zögerlichkeit und Unsicherheit hinterlässt, so kommt sie beim Pferd meist genauso an!

HANDWECHSEL AUF DER HINTERHAND

Um das Pferd im Round Pen zu wenden, tritt der Ausbilder vor das Pferd und schiebt die Peitsche zwischen Pferd und Bande. Den anderen Arm streckt er aus. Mensch und Stock bilden so eine Art „Tor", das sich vor dem Pferd schließt. Das macht das Abwenden logisch, zumal die Peitschenhand auch noch treibend unterstützt. Der Blick des Pferdes wird inzwischen, z. B. durch Fingerbewegungen, auf die andere Hand des Ausbilders fixiert. Es folgt der Hand und sie führt es in die Wendung nach innen. Bei Handwechseln aus der Bewegung geht der Ausbilder im großen Bogen zwischen Pferd und Gatter.

Werden diese Hilfen prägnant gegeben, so wendet das Pferd in der Regel im perfekten Roll Back, also auf der Hinterhand. Schon jetzt wird also darauf hingearbeitet, es nicht auf der Vorhand arbeiten zu lassen, sondern zum aktiven Einsatz der Hinterhand zu ermuntern.

RÜCKWÄRTSRICHTEN

Rückwärtsrichten ist eine wichtige Übung zur Disziplinierung des Pferdes. Besonders Hengsten verhilft sie zur Unterordnung, wenn sie wieder einmal versucht haben, den Rang ihres Ausbilders in Frage zu stellen. Allgemein fördert sie Gehorsam und Aufmerksamkeit. Zum Rückwärtsrichten geht der Ausbilder aus der neutralen Position auf die Schulter des Pferdes zu. Das Pferd findet dann Führung zwischen Bande und menschlichem Körper. Bei unsensiblen Pferden hilft man durch Druckimpulse, Anlegen und Wegnehmen der Hand oder Antippen mit der Gerte an der Brust des Pferdes nach.

Selbstverständlich verbinde ich auch hier die körpersprachlichen Hilfen mit Stimmhilfen. Das Pferd lernt

Die Peitsche schiebt sich vor das Pferd ...

... und treibt es auf die neue Hand.

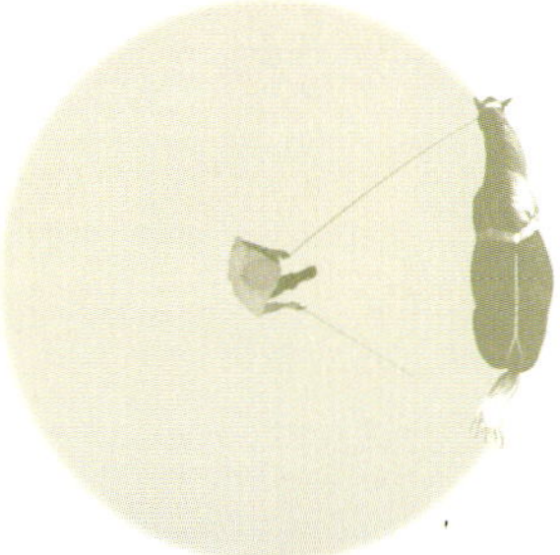

so ganz nebenbei die Kommandos in der Sprache seines Ausbilders. Je besser es seine Aufgaben im Round Pen beherrscht, desto stärker wird die körpersprachliche Einwirkung später zugunsten der Stimmhilfe reduziert. Schließlich verbinden die Stimmhilfen die Bodenarbeit mit der Arbeit unter dem Sattel. Verständnisschwierigkeiten beuge ich so von Anfang an vor.

Anhalten: Das sensible Pferd reagiert auf leichte Hilfen. Bei einem phlegmatischeren Schüler tritt man weiter vor das Pferd.

Rückwärtsrichten: Der Ausbilder hält die Position.

Stimmhilfen

Der Einsatz von Stimmhilfen ist ein wichtiger Bestandteil meiner Pferdeausbildung. Insbesondere im Rahmen der Bodenarbeit ist sie absolut unverzichtbar. Zügel-, Peitschen- und Gertenhilfen dienen mehr zur Erarbeitung der Lektionen und zur Korrektur, Ziel ist immer, dass das Pferd die Übungen auf Stimme hin durchführt. Das fällt dem Pferd auch nicht unbedingt schwer, denn es ist mit einem bemerkenswerten Gehör ausgestattet. Wenn wir bei der Bodenarbeit jede Lektion deutlich und immer mit dem gleichen Begriff bezeichnen, lernt es bald, Wort und Aufgabe zu verbinden. Dabei sind die Kommandos zu Beginn der Ausbildung deutlich, mitunter sogar aggressiv, mit fortschreitendem Training werden sie weicher, leiser und verschwinden schließlich fast ganz, wenn das Pferd geritten wird. Im Bereich der Manegenarbeit behalten sie allerdings ihre zentrale Stellung. Wichtig beim Gebrauch der Stimme ist deutliche und klare Aussprache, wobei die Kommandos idealerweise dem Rhythmus der verlangten Übung angepasst werden. So gebraucht man zum Beispiel ein langgezogenes „laangsam!“ für ruhiges Gehen und Zurücknehmen des Tempos und „Ho!“ für das Anhalten. Ein „Hoho!“ für langsameres Tempo und „Ho!“ für Anhalten kann das Pferd kaum unterscheiden - es wird immer den Weg des geringsten Widerstandes gehen und sein Tempo zwar verringern, aber nicht abrupt stoppen. Für schnellere Gangarten, etwa für den Übergang zwischen Schritt und Trab wählt man ein kurzes, forderndes Wort wie „Trab“ oder „Trotte“, möglichst eines, dessen Aussprache variabel ist, so dass es beim Durchparieren vom Galopp zum Trab zu einem langgezogenen „Terrab“ oder „Trootteе“ werden kann. Die Stimmlage ist entscheidend für die Verständlichkeit des Kommandos. Lange, tiefe Töne beruhigen; kurze, scharfe spornen an. Zungenschnalzen verwende ich nicht als treibende Hilfe, sondern nur zur Erregung von Aufmerksamkeit und als Taktvorgabe, zum Beispiel beim Erarbeiten der Piaffe.

Probleme und Tricks

Pferde sind keine Automaten, und die hier geschilderte Ausbildungsmethode arbeitet nicht mit Zwang. Insofern kann sich niemand darauf verlassen, dass eine körpersprachlich „ausgesprochene“ Aufforderung auch ausgeführt wird. Vielleicht schaut das Pferd gar nicht hin, wenn der Ausbilder einwirkt, oder es setzt dem menschlichen Versuch, Dominanz zu demonstrieren, deutlichen Widerspruch entgegen. Solche Pferde nehmen z. B. die verhaltende Hilfe an der Schulter nicht an, versuchen, am Ausbilder vorbeizukommen oder rennen vor ihm weg. Ich korrigiere dieses Verhalten, indem ich das Pferd ruhig aber konsequent vor mir her treibe. Damit wird die oben schon angesprochene Isolation im Round Pen ausgenutzt: ich stoße das Pferd aus der einzigen Herde aus, der es im Moment angehören könnte. Für das Pferd ist das psychosozialer Stress, es fühlt sich abgelehnt und findet keine Möglichkeit, anderweitig Schutz zu suchen. Irgendwann wird es folglich stehen bleiben und mir anbieten, zu ihm zu kommen. Nehme ich dieses Angebot an, so wird es über mein Streicheln und Loben so erleichtert sein, dass es in Zukunft willig mitarbeitet. In diesem, psychologisch eigentlich recht leicht erklärbaren „Trick“ liegt eins der „Geheimnisse“ der Round Pen-Arbeit. Er lässt sich bei jedem Fehlverhalten im Round Pen anwenden, also auch bei faulen und unkooperativen Pferden. Sie werden besonders schwungvoll getrieben um körperlich und geistig „in Bewegung“ zu kommen. Wichtig ist dabei, dass die Arbeitssequenz kurz ist - also lieber zweimal kurz als einmal lang um seinen Arbeitsunmut nicht noch mehr zu fördern, indem man ihn psychisch und physisch müde aus der Arbeit entlässt. Später erhalten sie möglichst abwechslungsreiche Arbeit, also häufige Gangartenwechsel, Stopps und Rückwärtsrichten, um ihre Aufmerksamkeit zu erhalten.

Die Korrektur solcher „Arbeitsverweigerer“ mit Hilfe dieses Tricks kann auch ein Anfänger in der Round Pen-Arbeit leisten. Zu warnen ist jedoch vor dem Versuch, aggressive Pferde „im Alleingang“ zähmen zu wollen.

Wer hier Einfluss nehmen will, braucht viel Erfahrung und volle Körperbeherrschung. Auch der Umgang mit der Longe sollte perfekt „sitzen“, bevor man sich an schwierige Fälle herantraut.

Zuletzt noch ein paar Worte über den Mißbrauch der Möglichkeiten im Round Pen. In der letzten Zeit geistern Berichte über amerikanische „Pferdeflüsterer“ durch die Presse, die völlig rohe Pferde innerhalb weniger Stunden im Round Pen zähmen und zureiten. Letztlich beruhen ihre Tricks auf genau der eben beschriebenen Methode des Ausstoßens aus der Herde, hinzu kommt physische Erschöpfung durch stundenlange Bewegung im Round Pen und Psychostress durch ein Arbeiten über die individuelle Konzentrationsgrenze hinaus. Auf diese Art gerät das Pferd in eine desolate psychische Verfassung, die der Ausbilder ausnutzt, um ihnen einen „Blitzkurs“ in Satteln und Anreiten zu verpassen.

Round Pen-Arbeit als Disziplinierungsmaßnahme: auf stetiges Antreiben folgt immer das Angebot, anzuhalten.

Wichtiger Hinweis!

Falls Sie die hier geschilderte Arbeit nicht im Longierzirkel, sondern auf einem quadratischen Platz durchführen, achten Sie darauf, das Pferd nie in einer Ecke zu stoppen. Selbst bei gewöhnlich nicht sehr aggressiven Tieren besteht hier die Möglichkeit, geschlagen zu werden, wenn man sich ihnen zum Heraustreiben von hinten nähert. Ein Pferd, das sich im wahrsten Sinne des Wortes „in die Ecke gedrängt“ fühlt, kann in Panik geraten und sich wehren. Aus diesem Grund ist es auch sinnvoll, das Pferd im Viereck nicht frei zu arbeiten, sondern an einer einfachen Longe. Man hält es damit erstens auf dem Zirkel und kann zweitens mit der Longe einwirken, falls es doch mal in einer Ecke landet.

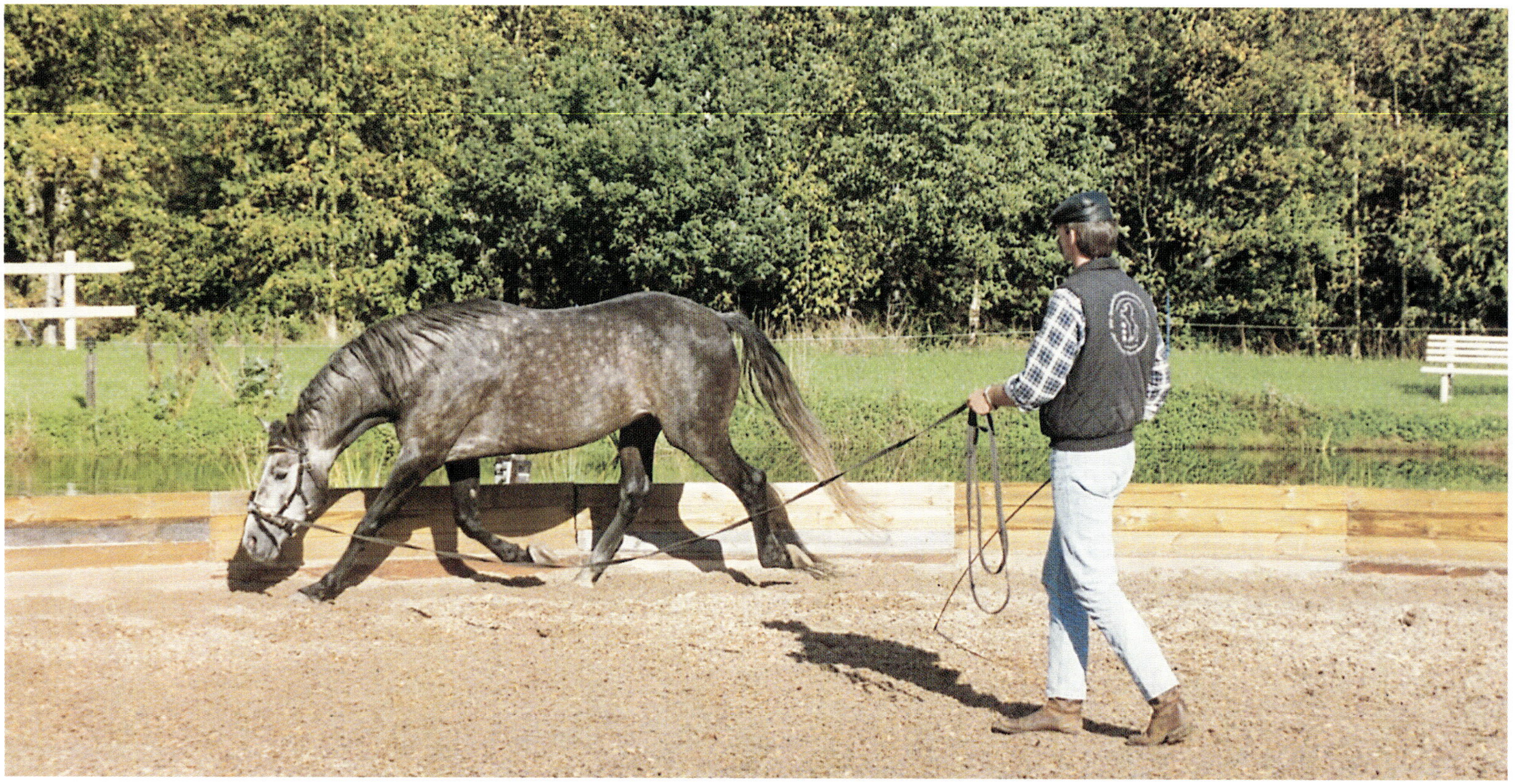

Der erste Erfolg an der Longe: das Pferd streckt sich ohne jeden Hilfszügel nach vorwärts-abwärts.

2. 2. DAS PFERD AN DER EINFACHEN LONGE

Longieren ist die gebräuchlichste Form der Bodenarbeit. Im konventionellen Reitstall ist praktisch jedes Pferd anlongiert. Man bedient sich der Longe, um die Pferde zu bewegen, wenn man keine Zeit zum Reiten hat. Im Rahmen der Jungpferdeausbildung dient sie in erster Linie dazu, das Pferd an den Menschen und die regelmäßige Arbeit mit ihm zu gewöhnen. Zudem kann das junge Pferd den bei Boxenhaltung meist vorhandenen Stallmut abbuckeln, ohne eine Gefahr für den Menschen darzustellen.

In der Klassisch-Iberischen Reitweise wird die Longe sehr viel differenzierter angewandt. Longenarbeit ist hier nichts, womit man rasch ein Stallmädchen betraut, sondern gilt als Kunst. An der Doppellonge können alle Lektionen - von der einfachen Volte bis hin zu Piaffe und Passage - vorbereitet und vom Boden aus erarbeitet werden. Für das Pferd ist dies einfacher, als sie unter dem Sattel zu erlernen. Es erspart allen Beteiligten Misserfolgserlebnisse und hält das Pferd sensibler für Schenkel- und Zügelhilfen.

Bevor die Doppellonge eingeschnallt wird, muss das Pferd allerdings erst mit der einfachen Longe, sowie den touchierenden Hilfen bekannt gemacht werden, die bei der Bodenarbeit die Schenkelhilfen des Reiters ersetzen. Ich beginne damit im Round Pen, ausgehend von den schon eingeführten körpersprachlichen Hilfen.

DIE AUSRÜSTUNG

Der klassische Ausbildungszaum für die Longenarbeit ist der Kappzaum, worunter ein stabiler Lederzaum mit Metalleinlagen zu verstehen ist. Nur der traditionelle Lederzaum sitzt wirklich korrekt und ermöglicht differenzierte Einwirkung. An Ponyköpfen wirkt er allerdings oft sehr klobig. Zierlichere Kappzäume gibt es im englischen Reitsportbedarf. Sie sind auf Welsh-Ponies und Cobs abgestimmt und passen auch nordischen Ponys und kleinen Arabern.

Beim einfachen Longieren mit Trense und Kappzaum wird die Longe selbstverständlich nicht in den Trensenring geschnallt. Das macht das Pferd unsensibel - besonders, wenn es beim Longieren ohne Round Pen-Begrenzung durchgeführt wird! Longe und Trense treten erst bei der Doppellongenarbeit in unmittelbare Verbindung. Als einfache Longe genügt übrigens ein runder Strick mit Karabinerhaken. Er sollte so lang sein, dass man immer noch einen Meter Rest in der Hand behält, wenn das Pferd auf dem äußeren Hufschlag im Round Pen geht. Besser als ein Synthetikstrick liegt ein Baumwollstrick in der Hand. Treibende Hilfen gebe ich mit der schon erwähnten Bogenpeitsche oder einem 1,50 m langen Rattanstock mit einem Schlag von 2,50 bis 3 Meter. Die Longierpeitsche, in der Freiheitsdressur auch der

Der klassische Kappzaum mit eingeschnallter, doppelt gebrochener Trense.

Handstock, erweitern die Reichweite der menschlichen Hand. Sie dienen nicht zum Strafen und Schlagen des Pferdes, sondern dazu, ihm die Wünsche des Longenführers verständlicher zu machen. Das funktioniert natürlich nur, wenn das Pferd sich nicht davor fürchtet. Sowohl mit dem Handstock als auch mit der Peitsche wird es durch sanftes Abstreichen bekannt gemacht, das Streicheln mit dem Hilfsmittel soll als Lob empfunden werden.

DER UNTERSCHIED ZUR ROUND PEN-ARBEIT

Aus der oben beschriebenen Round Pen-Arbeit kennt das Pferd bereits alle Befehle, die jetzt an der Longe gegeben werden. Während ich bei der Round Pen-Arbeit jedoch häufig die Position wechsele, bleibe ich jetzt in der Mitte des Zirkels stehen. An der Longe wandelt sich die „reine Körpersprache“ zu einer stilisierteren Kommunikation. Peitsche und Longe als Verlängerung der Arme des Longenführers vereinfachen dem Pferd das Verständnis dieses „neuen Dialekts“ der gemeinsamen Sprache. Auch hier ist es wieder wichtig, Hilfen prägnant zu geben und gleiche Forderungen immer mit den gleichen Zeichen zu verbinden. Dazu ist es unabdingbar, den Einsatz der Peitsche gezielt zu üben. Nur wenige Longenführer beherrschen das Treiben mit ihrer „verlängerten Hand“ wirklich perfekt, treffen das Pferd also nur dann mit dem Peitschenschlag, wenn sie das wirklich wollen und an genau der Stelle, die sie anzielen. Sehr empfehlenswert sind deshalb „Trockenübungen“ zum geschickteren Einsatz der Peitschenhilfen. Dabei trainiert man zum Beispiel das Touchieren einer am Boden stehenden Cola-Dose mit dem Peitschenschlag, sowie die Erzeugung unterschiedlicher Geräusche wie Knallen und Zischen.

1

2

Handwechsel

1 ....hereinziehen...

2 ...beim seitwärts Gehen die alte Richtung mit der Peitsche versperren...

PERFEKTER UMGANG MIT DER PEITSCHE - GRUNDLEGENDE ÜBUNGEN

Das einfachste Übungsobjekt zum Umgang mit der Peitsche ist eine leere Getränkedose. Stellen Sie das Ding auf die Gesamtlänge der Peitsche entfernt auf und versuchen Sie, es mit dem Ende der Peitsche zu treffen. Der Peitschenschlag soll sich dabei nicht um die Dose schlingen, sondern nur daran entlang streichen.

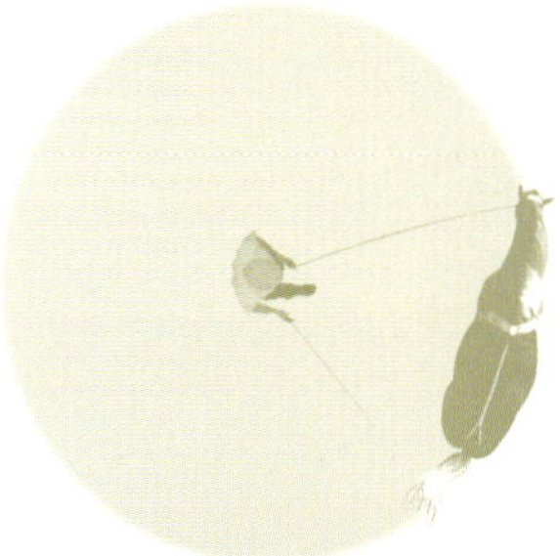

3

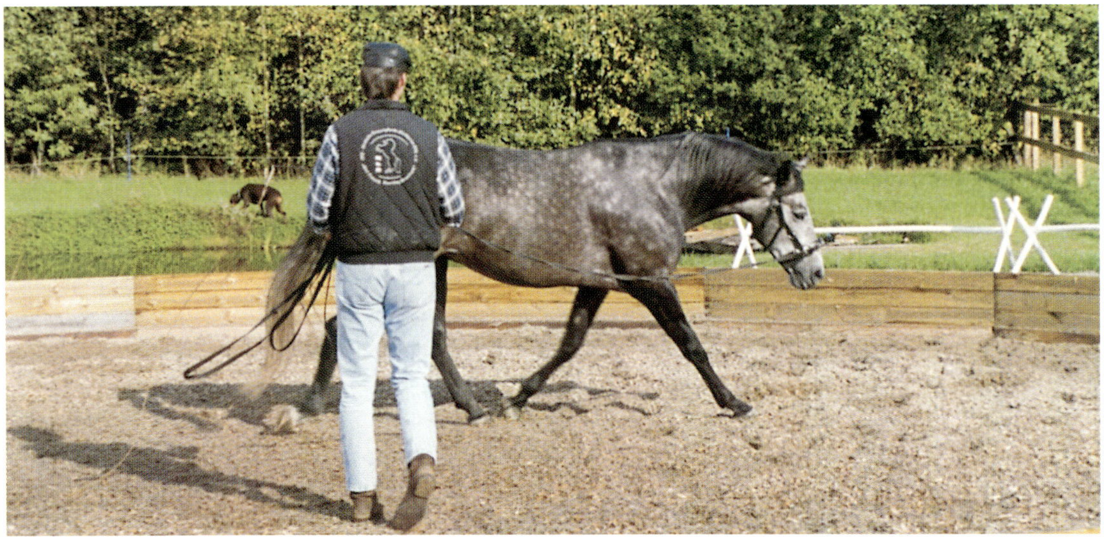

4

5

Das ist noch relativ einfach, solange Sie von rechts ausholen. Schwieriger wird das Ausholen und Treffen von links. (Handwechsel Bildfolge)

Bei meiner Ausbildungsmethode verbleibt die Peitsche stets in der gleichen Hand außer bei Doppellongenarbeit (rechts, sofern man Rechtshänder ist. Linkshänder handhaben sie mit links). Sie wird beim Longieren auf der rechten Hand unter der Longe durchgeführt, um das Pferd zu touchieren.

Klappt diese erste Übung, also das Touchieren der Dose ohne Geräusch, von beiden Seiten, so übt man es mit Geräusch. Man zieht dazu die Peitsche zurück und wirft sie dann vor in Richtung Pferd. In dem Moment, in dem der Schlag sich vorn streckt, soll es knallen.

Für Kenner gibt es eine weitere Variante der Peitschenhandhabung, die hauptsächlich im Zirkus zu beobachten ist. Dabei zieht man die Peitsche zurück, wirft sie nach vorn und erzeugt das Geräusch vorn. Das ist jedoch eine Übung für Fortgeschrittene, und für das normale Longieren nicht unbedingt notwendig.

3 ...und in die neue Richtung treiben. Wenn nötig über der Peitsche etwas die Longe aufnehmen.

4 Treibend zur Zirkelmitte gehen...

5...Peitsche und Longe über Kreuz halten - Longe oben, Peitsche unten.

DIE PEITSCHE RICHTIG EINGESETZT

Wie schon gesagt ist die Peitsche kein Strafinstrument. Sie dient eher dazu, Hilfen zu verfeinern und hat damit etwa die gleiche Funktion wie die Sporen beim Reiten. Wie das Pferd die Berührung durch die Peitsche nicht fürchten darf, so sollte es auch vor den damit erzeugten Geräuschen nicht erschrecken. Das Knallen oder Zischen soll das Pferd antreiben und aufmerksamer machen. Es soll aber nicht verschreckt davor weglaufen. Es wird dadurch auch abgeklärter gegenüber anderen Geräuschen, die ihm bei der Arbeit begegnen können, wie etwa ein Türenschlagen in der Reithalle. Machen Sie Ihr Pferd also ohne Hektik mit den Peitschengeräuschen vertraut. Im Übrigen erfolgt der Einsatz der Peitsche immer in Verbindung mit einem Stimmkommando. Das Pferd soll schließlich nicht aufgeschreckt, sondern sinnvoll getrieben bzw. geführt werden.

Longieren über Cavaletti wirkt Vierschlaggalopp entgegen.

DIE GRUNDGANGARTEN

Jede Arbeit mit dem Pferd beginnt im Schritt. Die langsame Gangart gibt Pferd und Reiter Zeit, korrekte Befehle zu geben und darauf überlegt zu reagieren. Zudem ist sie vom Takt her wenig störanfällig. Nur Gangpferde oder Pferde, bei deren Ausbildung man es mit der Versammlung eine Zeit lang übertrieben hat, neigen im Schritt zum Passgang. Dann wird aus dem Viertakt des Schrittes ein Zweitakt - linkes Vorder- und Hinterbein und rechtes Vorder- und Hinterbein fußen abwechselnd gemeinsam auf.

Dynamischer und beeinflussbarer als der Schritt und damit letztlich entscheidend für das Gleichgewicht und die Versammlung des Pferdes ist jedoch der Trab. Bei dieser diagonalen Gangart im Zweitakt stehen Hals und Kopf des Pferdes von Natur aus fest, was später die Anlehnung begünstigt. Der Trab ist deshalb die Grundgangart bei jeder dressurmäßigen Ausbildung.

Im Round Pen bietet das Pferd ihn auch sehr bald an. Da es nur nach vorn ausweichen und sich nicht außer Reichweite des Ausbilders begeben kann, reagiert es auf jedes etwas stärkere Treiben mit der Peitsche mit Antraben. Die Hilfen zum Antraben sind insofern einfach zu erlernen, im Grunde entsprechen sie denen zum Antreten aus dem Stand in den Schritt. Man gibt ein Stimmkommando und treibt dann je nach Sensibilität des Pferdes, indem man die Peitsche nur leicht in Richtung seiner Hinterhand führt, oder seine Hinterhand in der Beinbeuge mit dem Peitschenschlag touchiert. Unter „Touchieren“ ist dabei natürlich kein Ausholen und Schlagen zu verstehen. Man lässt den Peitschenschlag nur leicht gegen das Pferd fallen und zieht ihn danach zurück. Dann hält man das Pferd im Trab, indem man der Hinterhand mit der Peitsche folgt - der Abstand und die Intensität des Treibens variieren wieder mit dem Temperament des Vierbeiners.
Mit einer solchen Variation der Peitschenhilfe kann man auch das Trabtempo bestimmen. Es ist sinn-

voll, das Pferd in verschiedenen Tempi zu arbeiten.

Komplizierter wird es bei der Einführung des Galopps. Der Galopp ist eine gesprungene Gangart im Dreitakt. Dem Pferd fällt es schwerer, sich darin auszubalancieren als im Schritt oder Trab, und besonders in ruhigem Tempo und auf der Kreisbahn neigen Gangpferde und noch ungenügend ausgebildete Pferde zum Vierschlaggalopp. Besteht diese Veranlagung, so ist es ratsam, zunächst auf den Galopp zu verzichten. Auch Pferde, die sehr zum Rennen neigen, müssen in dieser Ausbildungsphase noch nicht galoppiert werden. Das gilt besonders, wenn der Boden im Round Pen nicht optimal ist, und somit die Gefahr des Ausrutschens und Fallens besteht.

Bei der Hilfengebung zum Galopp ist es sehr wichtig, das Pferd nicht in die neue Gangart „hineinrennen" zu lassen, es also so lange im Trab zu beschleunigen, bis es endlich galoppiert. Stattdessen muss eine Art „Initialzündung" erfolgen. Das Pferd wird aus dem Schritt oder ruhigen Trab durch ein scharfes Kommando und eine deutlich treibende Peitschenhilfe in Richtung der Achselhöhle angaloppiert. Das bereitet das Pferd auf die spätere Schenkelhilfe im gleichen Bereich vor. Die Gefahr, dass es auf dem Zirkel in den falschen Galopp springt, also Rechts- und Linksgalopp verwechselt, ist dabei kaum gegeben. Die Kreisbahn hilft ihm beim Finden der richtigen Hand. Am Anfang balancieren sich allerdings viele Pferde im Galopp aus, indem sie in Kopf und Hals zur Außenstellung tendieren. Das ist ein Zeichen für mangelnde Gymnastizierung und ändert sich mit fortschreitendem Training im Trab.

Grundregel ist immer: Im Schritt für den Trab, im Trab für den Galopp. Aus diesem Grund legen Dressurreiter beim Begutachten ihrer Nachwuchspferde besonderes Augenmerk auf den Schritt, da dieser innerhalb der Ausbildung kaum zu verbessern ist.

VORBEREITUNG AUF REITERHILFEN

Jede Longenarbeit, auch schon die allerersten Stunden im Round Pen, bereiten das Pferd letztlich auf die Arbeit unter dem Sattel vor. Die Hilfengebung an der Longe sollte den Schenkel- und Zügelhilfen des Reiters folglich möglichst genau angepasst werden. So simuliert zum Beispiel das Touchieren in der Achselhöhle zum Angaloppieren den treibenden inneren Schenkel, später rahmt die Doppellonge das Pferd ein, wie es die Reiterschenkel tun.

Einleiten der Volte

Das Zeichen zur Beendigung der Volte wird gegeben bevor das Pferd den Hufschlag erreicht.

DIE VOLTE

Die Volte ist eine Lektion mit vielen Einsatzmöglichkeiten. Sie dient der Gymnastizierung und Beruhigung (Tempo-Drosselung) - wozu sie im Rahmen jeder Longenarbeit eingesetzt werden kann und sollte -, und gehört zudem zu den Schaulektionen, die bei der Manegenarbeit im Rahmen des ABC erlernt werden. Letztlich bildet die Volte die Grundlage für Galopp-Pirouette, Schulterherein und Travers. Man kann gar nicht früh genug anfangen, sie in die tägliche Dressurarbeit einzubauen.

Zunächst orientiert man sich dabei am natürlichen Verhalten des Pferdes und arbeitet hauptsächlich mit Körpersprache. Später kommen Hilfen mit Peitsche, Handstock und letztlich Schenkel und Zügel dazu.

Bei sensiblen Pferden besteht das Bedürfnis, den Ausbilder während der Bodenarbeit immer im Auge zu behalten. Tritt dieser hinter sie, droht also, ihr Gesichtsfeld zu verlassen, so verkleinern sie den Zirkel. Man kann diese Eigenheit bei der Erarbeitung der Volte im Rahmen der Freiarbeit im Round Pen oder an der einfachen Longe nutzen. Dazu lässt man sich beim Mitgehen im Round Pen zurückfallen, beziehungsweise geht mit der einfachen Longe in Richtung auf die Kruppe des Pferdes. Man erreicht die richtige Position dazu, indem man die Mitte des Zirkels verlässt und auf den Hufschlag zugeht, wenn das Pferd einen auf Höhe der Sattellage passiert. Dabei begibt man sich von der Mitte des großen Zirkels ins gedachte Zentrum der Volte. Das Pferd wird daraufhin einen kleinen Kreis beginnen und sich in Hals und Rumpf biegen, um sich seinem Ausbilder zuzuwenden. Gestaltet es die Volte dabei zu groß, kann man die Übung wiederholen und noch etwas näher an den Hufschlag herangehen. Es wird den Kreis dann weiter verkleinern. Sobald das Pferd in die Volte abbiegt, erfolgt eine Stimmhilfe, wobei sich ein langgezogenes „Volteee" bewährt hat.

Natürlich erfordert es etwas Geschick, körpersprachliche Hilfen und Longenhilfen so einzusetzen, dass man im Zentrum der Volte bleibt und das Pferd auf einem sauberen Kreisbogen hält. Das gilt besonders bei der Arbeit an der einfachen Longe, denn hier muss in der Volte die Longe verkürzt und danach wieder ausgelassen werden. Dieses Aufnehmen der Longe in großen Schlaufen und ebenso flexible erneute Auslassen ist auch bei der späteren Doppellongenarbeit wichtig, und viele meiner Schüler tun sich sehr schwer damit. Auch hier wären „Trockenübungen" angebracht, damit die Beherrschung des Handwerkszeugs Longe möglichst bald zur automatischen Handlung wird.

Erste Cavalettiarbeit frei im Round Pen.

CAVALETTIARBEIT

Nachdem das Pferd die grundlegenden Lektionen an der Longe beherrscht, kann ich die Gymnastizierung weiter fördern, indem ich es über Stangen und Bodenricks arbeite. Auch diese neue Lektion führe ich im Round Pen oder Longierzirkel durch. Zunächst lege ich dazu eine Stange quer zum Hufschlag auf den Boden und lasse das Pferd im Schritt und Trab darüber gehen. Das wiederhole ich dann mit einem Bodenrick, 10 bis 15 Zentimeter über dem Boden. Hat sich das Pferd daran gewöhnt, wird eine Kombination von drei Bodenricks aufgestellt, wobei darauf zu achten ist, dass die Abstände der Schrittlänge des Pferdes angepasst werden. Nur so hat es die Chance, taktrein darüber zu gehen. Macht man hier Fehler, so stellt man das Tier vor eine unlösbare Aufgabe und verdirbt ihm damit auf Dauer die Freude an der Arbeit.

Fredy Knie: „Cavalettiarbeit fördert die innere Kraft des Pferdes: seinen Mut!"

Später kann ich mit Hilfe von Cavaletti auch an einer Schrittverlängerung arbeiten, aber vorerst wäre das Pferd damit überfordert. Im augenblicklichen Stadium der Ausbildung will ich das Pferd nur dazu auffordern, seine Beine etwas höher zu nehmen, im Rücken verstärkt zu schwingen und sich damit insgesamt mehr zu lösen. Das Pferd soll im Trab schwungvoller werden, was wiederum seiner Gymnastizierung zugute kommt. Die Cavalettiarbeit leistet jedoch noch weitaus mehr: letztlich trainiert sie nämlich nicht nur Schwung und Takt des Pferdes, sondern fordert es auch geistig und schult die Huf-Auge-Koordination. Beim späteren Reiten im Gelände kommt das Reiter und Pferd zugute, denn ein Pferd, das gelernt hat, hinzusehen, wohin es läuft, stolpert nicht so leicht über Wurzeln und Bodenunebenheiten.

Falls das Pferd bereits an der Longe galoppiert wird, kann ich auch in dieser Gangart Cavalettiarbeit durchführen. Ich stelle die Bodenricks dann im einem Abstand von drei bis vier Metern auf: das Pferd soll eines

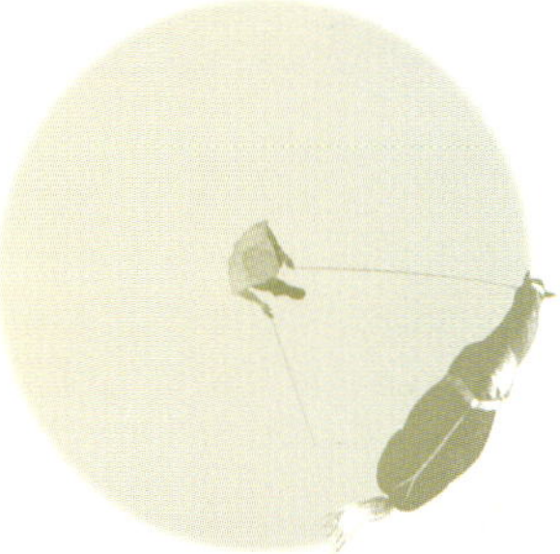

Galopp über Cavaletti

überspringen, dann einen versammelten Galoppsprung einfügen und danach das nächste Cavaletto angehen. Auch hierzu stelle ich die Cavaletti nicht sehr hoch, maximal auf etwa 30 Zentimeter Höhe. Ich will das Pferd ja nicht im Springen fördern, sondern lediglich seine Galoppade verbessern.

Beim Longieren über Cavaletti ist besonders darauf zu achten, dass die Longe nicht an den Seitenkreuzen hängen bleibt. Man beugt dem vor, indem man Stangen darüberlegt, muss die Longe aber trotzdem im entscheidenden Moment höher halten als gewöhnlich. Das Pferd verhakt sich besonders leicht in den Kreuzen, wenn es in Dehnungshaltung läuft und stark in die Tiefe geht.

Rattan-Cavaletti, aufgebaut für die Trabarbeit in der Manege.

Rattan-Cavaletti

Bei der Cavalettiarbeit mit meinen Pferden verwende ich leichte Rattan-Cavaletti, die ich bei Fredy Knie sen. entdeckt habe. Die kleinen Bodenricks sind sehr leicht (etwa ein Kilo), handlich und extrem biegsam. Selbst wenn ein Pferd auf die Stange tritt, bricht sie nicht sondern gibt nach und federt zurück. Insofern werden Verletzungsgefahren von vorneherein vermieden. Die Pferde akzeptieren die Ricks trotzdem sehr gut. Sie registrieren ihr Vibrieren beim Anstoßen.

Bei Verwendung dieser extrem leichten Cavaletti ist es allerdings nicht möglich, sich durch Auflegen einer Stange vor einem Verhaken der Longe in den Kreuzen zu schützen. Das kommt hier aber auch seltener vor, da die Rattan-Ricks kleiner sind als die sonst gebräuchlichen.

VORARBEIT FÜR DIE WEITERFÜHRENDE AUSBILDUNG

Die Arbeit an der einfachen Longe ist nicht nur eine Vorübung für spätere Doppellongenarbeit. Das einfache Longieren im geschlossenen Zirkel wird auch immer wieder angewandt, wenn es gilt, das junge Pferd an einen neuen Ausrüstungsgegenstand wie Longiergurt oder Sattel zu gewöhnen. Im momentanen Stadium der Ausbildung steht die Gewöhnung an Longiergurt und Kappzaum an.

Besonders beim ersten Angurten kann es hier zu Problemen kommen, wenn sich das Pferd auflehnt, buckelt oder sich gar hinwirft. Wichtig ist, einen gut passenden Gurt zu verwenden - mehr darüber im nächsten Kapitel - und vorsichtig anzugurten um Sattelzwang vorzubeugen. In den ersten Übungssequenzen gurte ich gerade so fest an, dass der Gurt nicht verrutscht. Das Pferd wird dann in Freiarbeit oder an der einfachen Longe mit der neuen Situation vertraut gemacht. Es geht Schritt und Trab, Wendungen, rückwärts und seitwärts und stellt bei all dem fest, dass der Gurt nicht hinderlich ist und erst recht nicht wehtut. Bocksprünge - also das berühmte „Abbuckeln lassen“ - sollten nicht die Regel sein. Wenn das Pferd nicht besonders empfindlich oder schreckhaft ist, dürfte die vorbereitende Arbeit es davon überzeugt haben, dass ihm die Arbeit mit dem Menschen niemals Grund zur Wehrigkeit liefert. Eventuelle Ausbinder werden erst eingeschnallt, nachdem das Pferd an den Gurt gewöhnt ist, und auch dann nur so locker, dass sie beim bequem stehenden Pferd leicht durchhängen.

In meinem Ausbildungskonzept dienen sie ohnehin nur dazu, ein Überbiegen des Pferdes an der Longe zu verhindern. Ich würde sie niemals anwenden um es künstlich „aufzurichten“ und „an den Zügel zu stellen“.

Solange das Pferd noch etwas wehrig und verspannt ist, wird kein Ausbinder eingeschnallt.

Nachdem das Pferd gelöst ist, kann der Ausbinder zur Manegenarbeit angelegt werden.

Wer Freude an der Round Pen-Arbeit und der Arbeit an der einfachen Longe im Zirkel gefunden hat, kann sie ausweiten, indem er die im zweiten Teil dieses Buches geschilderte Manegenausbildung anschließt. Übungen wie der Appell und das Changer lockern die Arbeit weiter auf und bieten so zusätzliche Abwechslung für Pferd und Ausbilder.

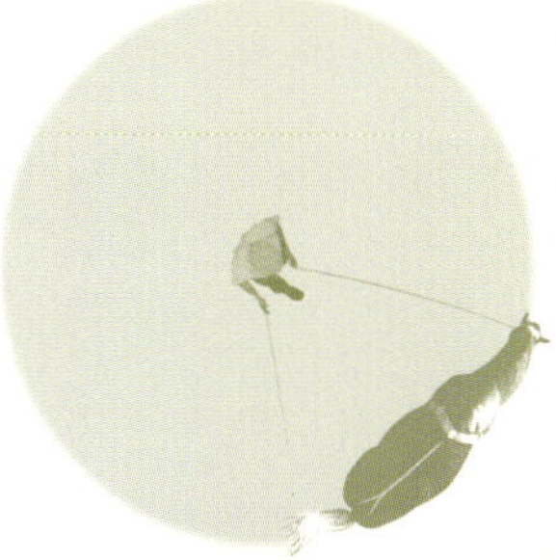

2. 3. DIE „HOHE SCHULE" DER BODENARBEIT - DAS PFERD AN DER DOPPELLONGE

Piaffearbeit nach Mazzuchellis Vorlage: vier Leinen, Kandare-Unterlegtrene.

Bodenarbeit in den Traditionsreitschulen des Barocks fand zunächst hauptsächlich „zwischen den Pilaren" statt. Diese fest im Boden der Reitbahn verankerten Pfosten hielten das Pferd, während der Ausbilder es touchierte und Piaffe, Levade und viele der Schulsprünge erarbeitete. Natürlich war dies eine recht unflexible Angelegenheit, deren Einsatzmöglichkeiten zudem äußerst begrenzt waren. Insofern bedeutete es eine bahnbrechende Neuerung auf dem Sektor der Dressurarbeit, als der Italiener Mazzuchelli Mitte des 17. Jahrhunderts die Doppellongenarbeit einführte. Mazzuchelli arbeitete das Pferd auf Kandare-Unterlegtrense oder Kappzaum-Kandare, also vierzügelig - an vier langen Leinen. Heute sieht man so ausgefeilte Vorführungen nur noch selten. Selbst in den Traditionsreitschulen werden die Pferde meist auf Trense an der Doppellonge gearbeitet.

Doppellongenarbeit zur Vorbereitung auf späteres Reiten oder Fahren ist für jedes Pferd sinnvoll. Sie erlaubt flexiblere und abwechslungsreichere Arbeit als einfaches Longieren und macht das Pferd mit Hilfen vertraut, die „von hinten kommen". Die Zügelhilfen entsprechen dabei fast exakt den späteren Reiterhilfen, die Touchierhilfen bereiten sinnvoll auf Schenkelhilfen vor. Zudem kann die Hinterhand perfekt eingerahmt und damit der Vorwärtsdrang feiner und sauberer kontrolliert werden. So erlaubt die Arbeit an der Doppellonge größtmögliche Gymnastizierung vor dem Anreiten und stärkt die Tragmuskulatur des Pferdes. Entsprechend vorbereitete Pferde können sich länger und besser auf den Reiter konzentrieren und sein Gewicht leichter ausbalancieren. Oft machen sie schon in der ersten Reitstunde den Eindruck verhältnismäßig abgeklärter Reitpferde.

Die V-Verschnallung an der Doppellonge innere Seite des Pferdes

V- Verschnallung an der äußeren Seite des Pferdes

2. 3. 1. Die Arbeit in der V-Verschnallung

Im Rahmen der Doppellongenarbeit kann man nicht nur mit verschiedenen Gebissen arbeiten sondern auch mit variierenden Longenverschnallungen. Am Anfang wähle ich dazu stets die V-Verschnallung, die besonders in Bezug auf die Stellung zwar sanfte, aber deutliche Einwirkung auf das Pferd erlaubt.

Ausrüstung und Trensengewöhnung

Die Doppellonge besteht aus 10 bis 14 m Longengurt, der an jedem Ende mit einem 1,50 m langen, dünnen Seil versehen ist. Dieses Seil gleitet leicht und flüssig durch die Ringe an Trense, Kappzaum und Arbeitsgurt und überträgt damit die Einwirkung des Longenführers ohne Widerstand. Die Länge der Longe ermöglicht einen Abstand von 6 bis 7 Meter zwischen Pferd und Longenführer. Wenn letzterer etwas mitgeht, kann leicht auf einem Zirkel zwischen 15 und 20 Meter Durchmesser gearbeitet werden.

Will man nah am Pferd arbeiten, so tauscht man die Peitsche, die wir schon aus der einfachen Longenarbeit kennen, gegen eine kurze Fahrpeitsche, Gerte oder Handstock. Vorerst bleibt man jedoch bei der längeren Peitsche, denn auch an der Doppellonge wird zunächst auf dem Zirkel und in größerer Entfernung zum Ausbilder gearbeitet.

Der ideale Longiergurt für die Doppellongenarbeit ist ein lederner Arbeitsgurt, beidseitig verstellbar, damit er jeder Gurtentiefe genau angepasst werden kann. Der Gurt sollte mindestens fünf bis sechs Ringe an jeder Seite aufweisen, damit die Verschnallung der Longe stets dem Ausbildungsstand des Pferdes angepasst werden kann. Je nach Empfindsamkeit des Pferdes, manchmal auch um eine nicht hundertprozentige Passform des Gurtes auszugleichen, kann eine Fellpolsterung angebracht sein. Im klassisch-iberisch orientierten Reitsportfachhandel gibt es dazu Spezialpolster, die sehr gut sitzen.

Ob man ein Pferd gebisslos oder an der Trense anreitet bzw. an der Doppellonge arbeitet, ist für viele Reiter eine Glaubensfrage. In der Klassisch-Iberischen Reitkunst gibt es dazu keine einhellige Meinung, wie schon die verschiedenen Formen des Kappzaums und seines Gebrauchs in den Traditionsreitschulen Südfrankreich, Spanien und Portugal zeigen. Bei meinen eigenen Pferden beginne ich die Doppellongenarbeit in der Regel am klassischen Kappzaum. Bei meinen Schülern handhabe ich das jedoch flexibel und mache die Wahl der ersten Reitzäumung bzw. der Doppellongenzäumung von Reiter und Pferdetyp abhängig. Auch der geistige und körperliche Entwicklungsstand und das mehr oder weniger sensible Naturell der Pferde entscheidet darüber, ob ich die Ausbilder ermuntere, bald mit der Arbeit an der Trense zu beginnen oder erst längere Zeit auf Kappzaum zu longieren. Bei entsprechend weicher Hand des Ausbilders spricht auch nichts gegen schärfere Zäumungen wie etwa die spanische Serreta. Schließlich bestimmt nur die Leinenführung über härtere oder weichere Einwirkung. Über kurz oder lang werden aber die meisten Pferde an der Doppellonge auf Trense gearbeitet, und hier bietet der klassische Kappzaum die beste Möglichkeit zum nahtlosen Übergang von der Naseneinwirkung auf das Mundstück. Zur Trensengewöhnung schnalle ich das Mundstück vor der Freiarbeit oder der Arbeit an der einfachen Longe ein und ziehe dann das übliche Trainingsprogramm durch. Die Longe verschnalle ich dabei wie gewohnt in den Kappzaumringen, sodass noch keine direkte Einwirkung auf das Mundstück erfolgt. Das Pferd gewöhnt sich so ganz zwanglos an das neue Gefühl im Maul. Schließlich kann man Zügel einschnallen und die schon beherrschten Führübungen - vorwärts, rückwärts, seitwärts, anhalten - mit leichten Trensenhilfen verbinden.

Die Ausrüstung für die Doppellongenarbeit

Arbeit im Kappzaum, danach in der Trense eingeschnallt.

Der Kappzaum ist ideal dafür, das Pferd zwanglos mit der Trense vertraut zu machen.

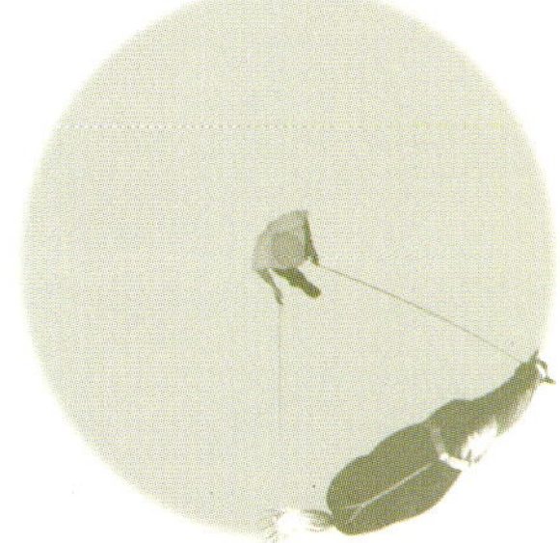

Vollständig abzulehnen sind die in konventionellen Ställen immer noch anzutreffenden Versuche, das Pferd im Stall oder auf der Koppel an die Trense zu gewöhnen. Dazu schnallt man dem Tier das Gebiss ein und überlässt es manchmal stundenlang sich selbst. Solche Methoden zeitigen nicht nur keinerlei Lerneffekt - dem Pferd wird ja nicht vermittelt, wozu das Metallstück in seinem Maul dienen soll -, sie sind obendrein gefährlich. Bei dem Versuch, sich die Trense abzustreifen, kann das Pferd irgendwo hängen bleiben und macht dann gleich die Erfahrung, dass das Mundstück Schmerzen bereitet und vielleicht sogar Wunden reißt.

Die korrekte Verschnallung

Für die Arbeit in der V-Verschnallung führt man die Longe zunächst durch den inneren Seitenring des Kappzaums (später durch den Trensenring) und hakt sie in einem der beiden obersten Ringe des Longiergurtes ein. Zwischen Gurt und Trainerhand bildet die Longe damit ein V - daher der Name der Verschnallung. Die Longe verläuft dann über den Rücken des Pferdes und wird außen zunächst durch einen der unteren Ringe des Gurtes geführt, bevor man sie am äußeren Seitenring des Kappzaums (später im äußeren Trensenring) einhakt. Longiert wird in dieser Verschnallung immer auf der Hand, auf der das V erkennbar ist. Zum Handwechsel schnallt man um.

Natürlich verlangt die V-Verschnallung vom Longenführer eine sanfte Hand. Ein brutaler Ausbilder könnte die schlaufzügelähnliche Verschnallung missbrauchen, um das Pferd „an den Zügel" zu ziehen. Vorsichtig geführt ermöglicht sie jedoch eine sanfte Biegung, der sich das Pferd selten widersetzt.

Die ersten Schritte

Auch an der Doppellonge finden die ersten Lektionen im Round Pen statt. Das Pferd soll sich zunächst an die neue Situation gewöhnen, wobei besonders die über den Rücken geführte Leine sensible Pferde nervös machen kann. Als erste Lektion lernt das Pferd, korrekten Abstand vom Ausbilder zu halten. Für die Biegung nach innen ist die sanft geführte V-Longe zuständig, ungewolltes Vergrößern des Zirkels oder Heraustreten der Hinterhand verhindert die äußere Longe. Um dieser Funktion gerecht werden zu können, ist sie relativ tief verschnallt, eine Parade erzielt eine ähnliche Wirkung wie der begrenzende äußere Reiterschenkel. Das Pferd erhält die Möglichkeit, sich anzuschmiegen und sanft in die Biegung führen zu lassen. Die sehr hohe Verschnallung der inneren Longe soll verhindern, dass der Kopf des Pferdes nach unten gezogen wird. Das Pferd soll die erwünschte Streckung nach vorwärts-abwärts freiwillig und selbstverständlich einnehmen - sich entspannt und bereitwillig „fallenzulassen".

An der Doppellonge wird mit Anlehnung gearbeitet, das heißt, der Ausbilder hält leichten Kontakt zur Pferdenase bzw. Pferdemaul. Die Peitsche treibt das Pferd an die korrekte Leinenführung heran.

Die erste Lektion findet im Round Pen statt.

Das Pferd sucht die Anlehnung an die Longe.

GERADERICHTEN UND BIEGEN

Nach kurzer Gewöhnung an die Doppellonge und die Arbeit zwischen den Leinen verlasse ich mit dem Pferd zum ersten Mal den Round Pen. Neuer Arbeitsplatz ist ein idealerweise umzäunter Reitplatz, und als erste Lektion soll das Pferd lernen, den Hufschlag entlang zu gehen, während ich seitlich versetzt neben ihm gehe. Am Anfang kommt hier eher ein Oval als ein Viereck heraus, da das Pferd noch nicht gelernt hat, sich sauber durch die äußere Leine führen zu lassen. Es neigt oft dazu, zu seinem Ausbilder in die Mitte zu kommen. Man verhindert das, indem man es durch leichtes Schlenkern des inneren Zügels und Peitscheneinsatz auf Abstand hält. Die richtige Reaktion auf den äußeren Zügel erreicht man durch immer wieder vorsichtig eingesetzte, äußere Paraden, also Anspielen des äußeren Zügels. Auf keinen Fall bringt man das Pferd auf den Hufschlag oder in die Ecken, indem man am äußeren Zügel zieht, bis es gar nach außen gestellt ist. Nur das korrekte Zusammenspiel zwischen innerem und äußerem Zügel ermöglicht ein klares Ausgehen der Bahn. Es ist wichtig, dies auf beiden Händen im Schritt zu üben. Erst wenn es ohne Hektik korrekt funktioniert, kommen neue Figuren dazu. So verkürzt man die innere Leine und lässt das Pferd auf den Zirkel gehen und verlängert sie wieder, um zurück auf den Hufschlag zu kommen. Weiter versucht man sich mit Zirkeln oder Aufgaben wie „durch die Länge (oder Mitte) der Bahn geritten". Wichtig ist der korrekte Wechsel zwischen runden und viereckigen Figuren, Geraderichten und Biegen.

Klappen die ersten Übungen auf beiden Händen im Schritt, so geht man zur Arbeit im Trab über. Angetrabt wird dabei wieder auf Stimmhilfe und durch leichtes Touchieren mit der Peitsche. Die Peitsche, bzw. die Gerte bei der Arbeit nah am Pferd, sollte hier verwendet werden wie die Sporen beim Reiten, also so wenig wie möglich. Im Prinzip dient sie nur dazu, die Stimmkommandos des Reiters zu unterstreichen, bzw. sie durchzusetzen, wenn das Pferd nicht reagiert.

Beim Trab an der Doppellonge ist besonders darauf zu achten, dass das Pferd nicht zu schnell wird. Das kann leicht passieren, denn schließlich steht man bei der ersten Longenarbeit im Viereck in einer Position, die das Pferd aus der Round Pen-Arbeit als leicht treibende kennt. Ich versuche in dieser Phase der Arbeit besonders viel Ruhe auszustrahlen, spreche mit dem Pferd und nehme es sofort in den Schritt zurück, wenn es zu stürmen beginnt. Auf die Dauer lernt es so, derart langsam zu traben, dass ich in meinem Schritt mitkomme. Diese sehr konzentrierten, langsamen Trabphasen sollten aber besonders in der ersten Zeit immer wieder durch flotteren Trab auf dem großen Zirkel oder einer Geraden unterbrochen werden, damit der Bewegungsdrang des jungen Pferdes nicht zu stark gebremst wird und Schwung und Trab erhalten bleibt, da es sich bei diesem langsamen Trab bereits um einen leichten, versammelten Trab handeln soll.

Richtiges Aufnehmen der Longe will gelernt sein!

Die Beschreibung dieser ersten Arbeit an der Doppellonge klingt sehr einfach. Sie erfordert aber einiges an Kondition und Bewegungsfreude vom Longenführer. Zudem braucht man viel Übung für die absolut korrekte Führung der Leinen. Schon ihr korrektes Aufnehmen will trainiert sein und auch die Zügelhilfen an der Doppellonge stellen selbst erfahrene Reiter vor einige Schwierigkeiten. Schließlich sitzt man hier nicht auf dem Pferd und arbeitet mit relativ kurzen Zügeln, sondern muss zusätzlich aufpassen, wohin man geht und wie man es verhindert, sich heillos in der Longe zu verwickeln. Es ist folglich ganz normal, wenn ein Anfänger einige Zeit braucht, bis die Arbeit mit Peitsche und beiden Leinen mit einiger Perfektion funktioniert.

Jede Übung wird zunächst im Schritt erarbeitet.
Foto: Gohl

Die Feinheiten der Leinenführung

Der Anfänger an der Doppellonge arbeitet beidhändig, das heißt, er hält bei der Arbeit rechts herum die innere Leine in der rechten, die äußere in der linken Hand. Zwischen den beiden Händen liegt eine Leinenbrücke von etwa einem Meter Länge, die Peitsche hält man links. Wenn ich nun aber geschickter mit der Peitsche hantieren und meine Hilfen präziser einsetzen möchte, nehme ich beide Leinen in die rechte Hand. Ich lasse die innere Leine über den Zeigefinger in die Hand nach unten laufen und fixiere sie mit dem Daumen, die äußere verläuft zwischen Zeige- und Mittelfinger. Wenn ich dem Pferd nun mehr innere Leine geben möchte, lockere ich den Spalt zwischen Daumen und Zeigefinger, soll die äußere verlängert werden, den zwischen Zeige- und Mittelfinger. Das klingt einfacher, als es ist, denn die Fingerfertigkeit muss gezielt trainiert werden.

Dem Anfänger passiert es immer wieder, dass sich mit Zeige- und Mittelfinger auch der Daumen entspannt. Beim Verkürzen der Leinen hilft die linke Hand. Sie zieht die innere, bzw. äußere Leine zwischen den Fingern hindurch. Das Longenende hänge ich mir übrigens gern über den kleinen Finger. Dann ist es nicht möglich, darauf zu treten, und die linke Hand bleibt völlig frei für die Touchierhilfen.

Ein gutes Training für die Hand des Longenführers ist die Übung des Zirkel-Verkleinerns und -Vergrößerns. Dabei lässt man das Pferd auf dem Zirkel um sich herum gehen und übt die Leinenführung, indem man den Kreis durch Verlängern und Annehmen der Leinen abwechselnd kleiner und größer gestaltet. Der äußere Zügel führt das Pferd dabei durch die Anlehnung am Rumpf, sanfte Paraden werden durch ein leises Bremsen mit Zeige- und Mittelfinger gegeben. Auch die Peitschenhilfen können hier geübt werden, denn beim Vergrößern des Zirkels weist die Peitsche dem Pferd den Weg hinaus.

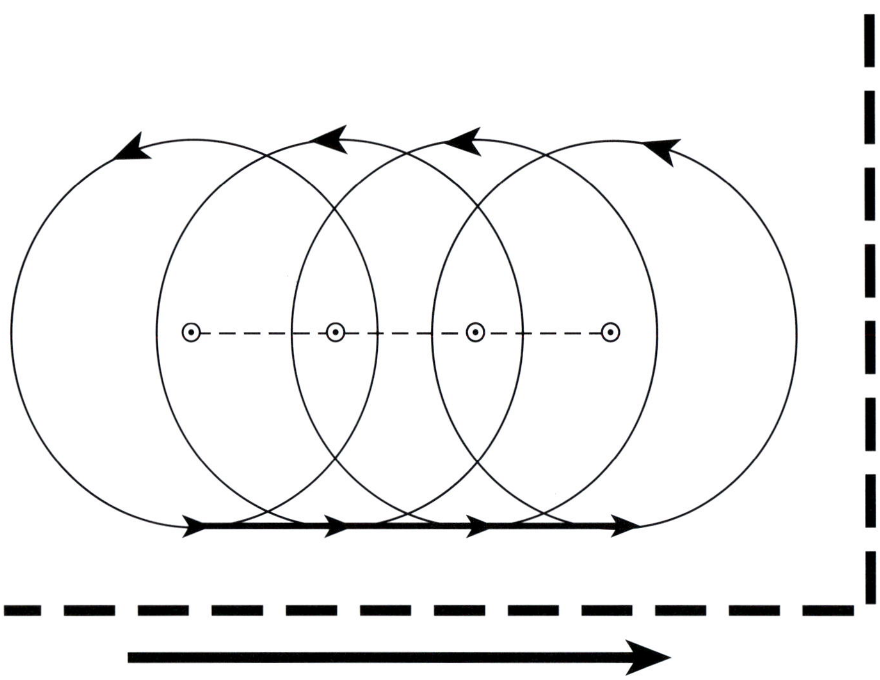

Zirkel verlagern

Zirkel verlagern

Eine sehr sinnvolle Übung zu dem Zweck, dass das Pferd die Anlehnung an Zügelhilfen und Schenkelhilfen sucht, ist das Geraderichten und Biegen und das Verschieben des Zirkels innerhalb eines Vierecks. Das Pferd lernt dabei, sich von der äußeren Leine begrenzen zu lassen. Dazu wird es parallel zur kurzen Seite zunächst auf einem einfachen Zirkel longiert. Kommt es zur offenen, langen Seite, geht der Longenführer ein paar Schritte auf das Pferd zu, wobei die Leinen natürlich kurz durchhängen. Das Pferd muss nun etwas nach außen gehen um erneut Anlehnung zu finden und tut das auch, spätestens, nachdem sanft mit treibenden Hilfen nachgeholfen wurde. So verschiebt sich der Zirkel bei jeder Runde um zwei bis drei Meter und das Pferd lernt, der führenden Longe sensibel zu folgen.

Natürlich kann es im Rahmen der ersten Übungsstunden im Dressurviereck dazu kommen, dass das Pferd versucht, seine „neue Freiheit“ zu erproben, indem es sich widersetzt und davonstürmt. In einem solchen Fall lasse ich die äußere Longe ganz locker, behalte aber die innere fest in der Hand. Das geradeaus stürmende Pferd rennt damit mit Schwung in die V-Verschnallung und straft sich empfindlich selbst. Es wird sofort langsamer werden oder stehen bleiben, woraufhin ich die äußere Longe wieder aufnehme und weiter arbeite, als wäre nichts geschehen. Ein solches „Strafverhalten“ ist sehr viel sinnvoller und wirkungsvoller als lautes Schimpfen oder Strafen mit der Peitsche. Niemals sollte man sich im Umgang mit dem Pferd aufregen und die Beherrschung verlieren.

DIE LONGE IN DER BEINBEUGE

Die Longe in der Beinbeuge rahmt das Pferd stärker ein.

Das Pferd wird nun an der Trense gearbeitet.

Wenn all die genannten Übungen klappen, kann das Pferd an eine etwas andere Longenführung gewöhnt werden. Statt die äußere Longe über seinen Rücken hinweg zu führen, legt man sie jetzt hinten um das Pferd herum und lässt sie oberhalb des Sprunggelenkes verlaufen. Diese Position bewirkt, dass das Pferd stärker „eingerahmt" und damit etwas mehr versammelt wird. Dies darf aber nicht zu früh geschehen und muss unbedingt mit Vorsicht gehandhabt werden. Ein Pferd, das in den Vorübungen nicht genügend gelockert wurde, könnte dabei dazu neigen, sich nicht mehr der Zirkellinie nachzubiegen, sondern den Kopf nach außen zu nehmen und der Berührung durch die Longe mit der Hinterhand auszuweichen. Überhaupt muss das Pferd zunächst an das Gefühl der Leine an der Hinterhand gewöhnt werden, denn oft reagiert es zunächst kitzelig und manchmal sogar aggressiv. Hier hilft wieder einfaches Longieren auf dem großen Zirkel, bis das Pferd die veränderte Lage akzeptiert. Im Anschluss daran führt man mit der neuen Longenlage dieselben Übungen durch wie oben beschrieben.

Nach dieser Arbeitsphase beginne ich dann auch, die Longe nicht mehr in die Seitenringe des Kappzaums, sondern in die Trensenringe einzuschnallen. Das Pferd ist dann ja schon an weiche, vorsichtige Hilfengebung gewöhnt, weiß, was von ihm verlangt wird und nimmt die Trensenhilfen im Allgemeinen gut an. Meist kaut es sehr gern an seinem Gebiss, lehnt sich bereitwilliger an und lässt sich leichter in die Dehnungshaltung fallen als am Kappzaum. Kauen ist ein deutliches Zeichen für lockere Muskulatur in den Ganaschen und oberen Halsbereich. Es zeigt dem Ausbilder, dass das Pferd im wahrsten Sinne des Wortes „konzentriert in sich geht" und damit sehr aufnahmefähig für feine Zügelhilfen ist.

Wenn alle bisherigen Übungen in V-Verschnallung auch an der Trense und mit der Longe in der Beinbeuge funktionieren, kann mit der Arbeit nah am Pferd begonnen werden, einer zumindest optischen Annäherung an das Idealbild von Mazzuchellis tanzenden Pferden an der langen Leine.

Das Pferd muss zunächst an die neue Position des Ausbilders gewöhnt werden.

Die ersten Schritte

2. 3. 2. DIE ARBEIT HINTER DEM PFERD

Wer das bisher beschriebene Training gewissenhaft durchgeführt hat, besitzt schon ein recht gut durchgymnastiziertes Pferd. Es hat gelernt, sich an der Doppellonge biegen und geraderichten zu lassen, sucht bereitwillig Anlehnung an die Hand des Longenführers und duldet die Führung der Leinen sowohl über den Rücken als auch hinter sich, also entlang der Beuge oberhalb des Sprunggelenks. In dieser Arbeitsphase beginne ich, nah am Pferd zu gehen und Hufschlagfiguren mit ihm zu laufen, wie man sie aus Vorführungen an der Doppellonge kennt.

DIE RICHTIGE FÜHRPOSITION

Bei der neuen Form der Doppellongenarbeit gehe ich etwa einen halben Meter hinter meinem Pferd, eine Position, die in der klassischen Ausbildung unbestritten ist, im konventionellen Reitsport aber oft als „gefährlich" hingestellt wird. Tatsächlich ist die Wahrscheinlichkeit, dass das Pferd ausschlägt, hier aber sehr gering. Schließlich kennt das Pferd sowohl seinen Ausbilder als auch Longe und Peitsche, hat also keinerlei Gründe für plötzliche Aggressionen. Ich habe in mehrjähriger Erfahrung mit den verschiedensten Pferden auch nie eine solche erlebt. Hinzu kommt, dass man selbst bei einer Abwehrreaktion näher am Pferd sicherer steht als in größerem Abstand. Auf einen Meter oder weniger Entfernung kann es kaum Schwung holen, wird den Longenführer also kaum mit den Hufen treffen. Bei einem Abstand von 1,5 bis 2,5 Metern sieht das schon ganz anders aus. Erheblich häufiger als durch einen Schlag des Pferdes kommt der Anfänger an der Doppellonge durch ungeschickte Longenführung zu Fall. Die Longe wird hier in großen Schlaufen aufgenommen - je größer die Schlaufen, desto weniger hat der Ausbilder in der Hand und kann somit umso flexiblere Hilfen geben. Lässt der noch ungeübte Longenführer aber auch nur eine davon fallen, so besteht schon die Gefahr, hineinzutreten und auf dem Rücken zu landen. Für das Pferd ist das natürlich nicht sehr angenehm: es verspürt einen plötzlichen Ruck im Maul und bleibt meist abrupt stehen. Ein Mitschleifen des momentan ziemlich hilflosen Longenführers habe ich noch nie erlebt. Auch Maulverletzungen konnte ich noch nicht beobachten, aber natürlich verunsichern derart grobe Fehler das Pferd und erschweren ihm die Zusammenarbeit mit dem Menschen.

In der neuen Führposition hinter dem Pferd habe ich erheblich bessere Möglichkeiten, das Pferd zu versammeln und präzise durch Hufschlagfiguren zu führen. Die Einwirkung mit der Longe ist der späteren Schenkelhilfe wesentlich ähnlicher; die Gerte, welche jetzt die Longierpeitsche ersetzt, hilft touchierend nach, wenn das Pferd nicht sofort versteht, worum es geht. Um die Einstellung nach innen zu sichern, bleibt man zunächst in der V-Verschnallung. Man beginnt nun aber, die Einschnallung der inneren und äußeren Longe einander anzunähern. Vor den weiterführenden Übungen sollten beide Leinen in mittlerer Höhe verschnallt sein.

ANHALTEN UND RÜCKWÄRTSRICHTEN

Ein Anfänger in der Doppellongenarbeit - besonders einer, der jahrelang konventionelle Reitschulen besucht und die dort übliche, starke Zügeleinwirkung erlernt hat - neigt schnell dazu, zu intensive und zu wenig nachgebende Zügelhilfen zu geben. Beim Anhalten wird zum Beispiel oft der Fehler gemacht, einfach stehen zu bleiben und das Pferd in die Leinen hineinlaufen zu lassen. Es läuft dann gegen das Gebiss und hält irgendwann an, um dem unangenehmen Zug zu entgehen, aber es stoppt ohne Verständnis der Übung und meistens auf der Vorhand. Passiert so etwas häufig, wird es eine Aversion gegen die Zügeleinwirkung entwickeln und bald anfangen, sich dagegen aufzulehnen.

Rückwärtsrichten: Niemals an den Leinen ziehen, sondern nur Impulse geben!

Halten

Wenn es dann zergelt und den Kopf hochreißt, neigt der Longenführer zu weiterem Ziehen, und die Sache schaukelt sich zum Kampf hoch. Korrektes Anhalten, ebenso wie korrektes Abwenden, Rückwärtsrichten u.s.w. verläuft nur über Paraden und Stimme: Ansprechen des äußeren Zügels, Ansprechen des inneren, dazu das schon im Round Pen eingeübte Stimmkommando - und sofortiges Lockerlassen der Leine und Lob, sobald das Pferd steht. Nach erfolgter Übung sollte man das Pferd nicht gleich wieder antreten lassen. Besser ist es, ihm eine Zügelpause zu gönnen, indem man es kurze Zeit stehen lässt - das Pferd soll wissen, dass es nun etwas Zeit hat, sich zu entspannen. Dies ist besonders bei übereifrigen Pferden wichtig, die am liebsten gleich zur nächsten Übung übergehen möchten. Gerade bei der Arbeit mit solchen Tieren ist es sehr wichtig, dass sich auch der Ausbilder entspannt. Nur wenn man der Hektik des Pferdes Ruhe entgegensetzt, wird auch das Tier zu einer gelassenen Haltung finden.

Ganz ähnlich wie der Stopp verläuft das Rückwärtsrichten am langen Zügel. Hier beginnt man aus dem Stand heraus mit den Paraden, wieder verbunden mit dem Stimmkommando, welches das Pferd schon aus der vorbereitenden Arbeit kennt. Weicht es dem leichten Druck auf Nase oder Maul und macht den ersten Schritt rückwärts, verdient es ein Lob und eine Zügelpause. Wie immer genügt am Anfang die Andeutung einer richtigen Reaktion auf die Hilfe. Hat das Pferd erst gemerkt, worum es geht, wird es gern bereit sein, so weit rückwärts zu gehen, wie der Ausbilder will.

GERTENHILFEN

Die Gerte unterstützt bei der Arbeit am langen Zügel stets die Leine. Wenn das Pferd zum Beispiel vom Hufschlag aus in die Volte geht und dabei über die innere Schulter hinein fällt, so gebe ich Paraden mit der äußeren Leine und touchiere das Pferd innen. Vergrößert das Pferd hingegen willkürlich die Volte, indem es über die äußere Schulter nach außen geht, so touchiert die Gerte außen, unterstützt also die begrenzende Leine.

Natürlich verlangen Gertenhilfen immer ein gewisses Fingerspitzengefühl. Das Stöckchen darf niemals unbeherrscht und unüberlegt eingesetzt werden. Versucht das Pferd, über die offene Zirkelseite hin vor dem Ausbilder zu flüchten, so hat man sicher zu stark oder zu aggressiv getrieben. Statt sich über das anscheinend unwillige Pferd zu ärgern, sind hier Geduld und ruhige, gelassene Arbeit, vielleicht vorübergehend wieder im Round Pen, angebracht.

Aus der Ecke kehrt: Nach innen gestellt in die Ecke ...

...schön gebogen in die Wendung.

Geradestellen ...

... und zurück auf den Hufschlag.

HANDWECHSEL

Wenn das Pferd sich in der V-Verschnallung willig biegen und geraderichten, anhalten und rückwärtsrichten lässt, kann zur beidseitigen Direkteinschnallung übergegangen werden. Sie erlaubt nun auch das Ausführen von Handwechseln an der Doppellonge. Man führt dazu die Longe auf beiden Seiten durch einen mittleren Ring des Longiergurtes und hakt sie anschließend in den seitlichen Ringen des Kappzaums oder in den Trensenringen ein. Auch in dieser Einstellung arbeitet man zunächst auf einer Hand, lässt das Pferd Zirkel, Volten und alle anderen, bereits erarbeiteten Übungen durchführen. Der erste Handwechsel erfolgt dann durch die Diagonale, denn das fällt Pferd und Longenführer am leichtesten. Verhältnismäßig einfach ist auch der Wechsel aus der „halben Volte“, Reitschülern bekannt unter dem Kommando „Aus der Ecke kehrt!“. Hierzu biegt man das Pferd aus einer Ecke in die Volte ab, richtet es aber nach der halben Strecke wieder gerade und führt es auf den Hufschlag zurück. Schwieriger vor allem für den Ausbilder ist der Wechsel aus dem Zirkel, denn er ist mit massiven Positionswechseln verbunden. Beim Longieren auf dem Zirkel läuft der Longenführer schließlich nicht direkt hinter dem Pferd, sondern geht einen kleineren Zirkel in Richtung Mitte. Will man nun die Hand wechseln, läuft man hinter das Pferd, bevor es den Wechselpunkt erreicht, biegt es hier in die neue Richtung und bewegt sich dann wieder zur Mitte des neuen Zirkels, um die korrekte Longierposition einzunehmen.

Auch die Wechsel werden nun in die Alltagsarbeit eingebaut und machen sie dem Pferd abwechslungsreicher und interessanter. Wie alle Übungen beginnt man im Schritt und arbeitet dann im Trab weiter. Letzteres ist für erfolgreiche Arbeit unumgänglich, denn der gymnastizierende Effekt ist im Trab am höchsten. Man sollte also auf keinen Fall in der Schrittarbeit „stecken bleiben“, weil man zum Beispiel das Mitlaufen/gehen im Trab zu anstrengend findet.

Schulterherein und Conter-Schulterherein

Esperto an einer Doppellonge mit Umlenkrollen. Damit werden Schenkel- und Zügelhilfen besser verdeutlicht.

Die schwierigste Art der Longe. Duché am langen Zügel. Die Hände des Ausbilders liegen auf der Kruppe.

Das Schulterherein ist für mich das Tor zu den Seitengängen und eine unabdingbare Übung zur Verbesserung der Biegefähigkeit des Pferdes und der Versammlung in den Grundgangarten. Seine Erarbeitung ist ein wichtiger Wendepunkt in der Ausbildung des Reitpferdes, es bildet den Ausgangspunkt für alle anderen Seitwärtsbewegungen, unterstützt Schwung und Takt und bringt das Pferd verstärkt auf die Hinterhand. Selbst die Piaffe erarbeite ich letztlich aus dem Schulterherein.

Der „Erfinder“ des Schulterhereins war François Robichon de la Guérinière. Zu seiner Zeit begann man die Arbeit an den Seitengängen, indem man die Pferde geradegerichtet, den Kopf nach außen gestellt den Schenkel weichen ließ. Guérinière probierte dann erstmals, das Pferd übertreten zu lassen, indem er es leicht nach innen bog, während er sein Gewicht eher nach außen, in die Bewegungsrichtung, verlagerte. Sehr schnell stellte er dabei fest, dass diese Übung das Pferd erheblich geschmeidiger und leichttrittiger machte als das Schenkelweichen und lobte sie bald als das „Alpha und Omega“ bei der Ausbildung eines guten Reitpferdes.

Wie alle anderen Seitengänge führte Guérinière das Schulterherein vor der Galopparbeit ein, ein Prinzip, das sich besonders bei Pferden mit flacher, zum Vierschlag neigender Galoppade bis heute bewährt.

Das Pferd arbeitet beim Schulterherein grundsätzlich auf drei Hufschlägen - wenn man hinter ihm geht, sieht man drei Beine, das vierte ist von einem Hinterbein verdeckt. Aus dieser Position tritt das innere Hinterbein schräg unter den Pferdekörper und sorgt allein für die Schubkraft. Es wird dabei natürlich enorm gekräftigt. Die Balance wird dadurch gestärkt, dass das Pferd in seiner Längsachse gebogen ist, und das innere Hinterbein unter seinen Schwerpunkt tritt. Die Vorhand wird entlastet, tritt seitlich über, und die Schulter löst sich. Die Trabarbeit erhöht Schwung, Takt und Kadenz, der Trab gewinnt mehr Ausdruck, wird schöner und stolzer, das Pferd lernt, sich zu versammeln und zu setzen, wovon wiederum der Galopp profitiert.

Wenn das Schulterherein bereits an der Hand erarbeitet wurde, wie auf Seite 71 beschrieben, dürfte es kein Problem sein, es auch an der Doppellonge abzufordern. Die Leinen sollten dabei auf beiden Seiten direkt eingeschnallt sein. In der V-Einstellung lernt das Pferd die Übung zwar schneller, sie birgt aber die Gefahr, es im Hals zu überbiegen. Idealerweise beginnt man die Arbeit am Schulterherein aus einer Volte oder zumindest aus einer Ecke heraus. Man führt das Pferd deutlich nach innen gestellt auf den Hufschlag. Der Ausbilder geht dabei direkt hinter dem Pferd und stellt es mit dem inneren Zügel korrekt ein (30 Grad Abstellung zum Hufschlag). In der inneren Hand liegt auch die Gerte, die nun die innere Hüfte, bzw. den inneren Hinterschenkel des Pferdes touchiert. Ihre Arbeit wird durch ein sanftes Klopfen der inneren Leine gegen den Pferdekörper unterstützt. Der äußere Zügel kontrolliert die Biegung. Wenn das Pferd so zwischen den Leinen steht, übernehmen diese sowohl die Aufgabe der Zügel als auch die der Schenkel.

Eine zweite Variante zur Erarbeitung des Schulterhereins an der Doppellonge ähnelt dem Abrufen der Übung an der Hand. Hier nimmt man die äußere Leine über den Pferderücken zur inneren Hüfte des Pferdes. Der Ausbilder geht neben der inneren Hüfte, nutzt die innere Leine zur Einstellung und drückt mit der Hand den Biegepunkt, an dem später der Reiterschenkel liegen wird. Das Pferd biegt sich dann um den Ausbilder.

Wie bei jeder neuen Aufgabe genügt es auch beim Schulterherein, dass das Pferd am Anfang wenige Schritte korrekt ausführt. Das Schulterherein wird durch eine Volte eingeleitet und auch durch eine Volte wieder beendet. So vermeidet man, dass das Pferd

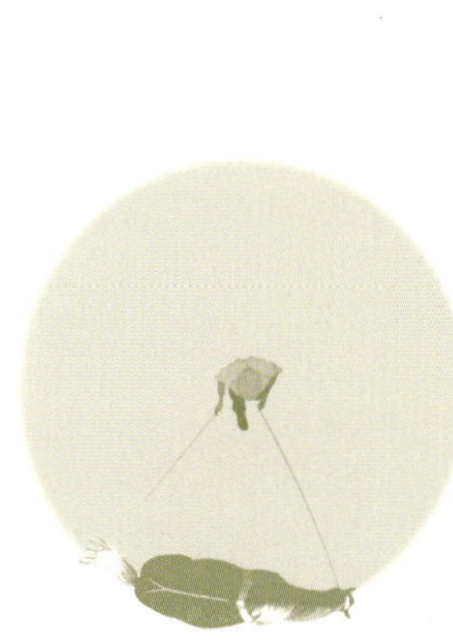

Schulterherein am deutlich anstehenden, äußeren Zügel

Conter-Schulterherein

mit der äußeren Schulter förmlich an der Bande klebt oder bei Schulterherein ständig zur Bande hindrängt.

Später kann länger und auch im Trab gearbeitet werden. Um die Sache interessanter und verständlicher für das Pferd zu gestalten, können Sie Pylonen in der Mitte der Bahn in einer Reihe aufstellen - Abstand etwa 10 Meter - und das Pferd Volten darum gehen lassen. Aus der Volte heraus führen Sie es im Schulterherein zum nächsten Pylonen, lenken es wieder in die Volte und so fort. Die meisten Pferde begreifen diese Übung schnell und haben Spaß dabei. Außerdem hindert der Wechsel zwischen Volte und Schulterherein den Longenführer daran, in einen beliebten Anfängerfehler zu verfallen und beim Schulterherein nicht hinter dem Pferd zu bleiben, sondern es praktisch zu überholen und hinter sich her zu zerren. Das ist nicht nur sinnlos und verunmöglicht korrektes Touchieren, es sieht obendrein sehr unvorteilhaft aus!

Macht ein Pferd beim Einüben des Schulterhereins ernsthafte Schwierigkeiten, indem es ständig nach vorn ausweicht und in die Hand stürmt, kann man ihm die Übung auch über das Conter-Schulterherein oder sogenanntes Kruppeherein nahebringen. Dabei geht es mit dem Kopf zur Bande, nach außen gestellt, und hat somit eine Begrenzung. Ideal ist das allerdings nicht, denn hier kann keine Biegung aus der Volte oder dem Zirkel genutzt werden, um das Pferd richtig einzustellen. Das ginge höchstens aus einer Kehrtwendung heraus, die sowohl dem jungen Pferd als auch dem Leinenführer zu Fuß Schwierigkeiten bereitet. Es ist hier also besser, zunächst daran zu arbeiten, dass das Pferd die Zügelhilfen besser annimmt und gehorsamer wird.

DOPPELLONGENARBEIT UND REITERHILFEN - DAS BEISPIEL SCHULTERHEREIN

Grundsätzlich simulieren Leinen und Gerte bei der Doppellongenarbeit den Einsatz von Schenkel und Zügel beim Reiten. So wird das Pferd zum Beispiel beim Reiten des Schulterhereins am äußeren Zügel geführt. Würde man verstärkt den inneren annehmen, könnte sich das Pferd nur im Hals, nicht im ganzen Körper biegen. Die innere Leine übernimmt stattdessen die Arbeit des inneren, hinter dem Sattelgurt treibenden Schenkels und wird darin von der Gerte unterstützt.

Nach der Vorbereitung an der Doppellonge arbeitet das Pferd auch unter dem Sattel selbstverständlich mit.

Travers

Travers am langen Zügel

Renvers

Voraussetzung für die Arbeit am Travers ist ein gut beherrschtes Schulterherein im Schritt und Trab. Das Pferd muss an die Arbeit in der Direkteinschnallung gewöhnt sein. Ich beginne die Übung stets aus einer Volte heraus. Das Pferd ist dann schon nach innen gestellt und ich brauche es nur noch mit Hilfe von Außenparaden an der Bande zu halten. Die äußere Leine und im Bedarfsfall die Peitsche touchieren, die innere Leine übernimmt die eingrenzende und vorwärts treibende Funktion des inneren Schenkels.

Wichtig ist der Zeitpunkt für die einleitenden Hilfen vom Schulterherein und Travers aus der Volte heraus. Beim Schulterherein lasse ich das Pferd eine Volte und zwei Tritte in eine zweite Volte gehen und gebe dabei die Hilfen für das Schulterherein. Beim Travers hingegen gebe ich die Hilfen, wenn die Vorderhand am Ende der Volte den Hufschlag erreicht hat.

Falls das nicht gleich klappt und das Pferd deutlichere Hilfen benötigt, nehme ich beide Leinen über den Rücken des Pferdes (beim Travers nach rechts auf die linke Seite) und verwende damit den inneren Zügel sowohl zum Stellen des Pferdes als auch zum Touchieren.

Travers sollte am Anfang immer mit einer Volte beendet werden. Das schafft einen harmonischeren Abschluss als ein einfaches Geraderichten.

Zweite Ausbilderposition im Travers

Doppellongenarbeit und Reiterhilfen - Das Beispiel Travers

Auch am Beispiel der Traversale beziehungsweise des Travers erkennt man deutlich den Bezug zwischen den Hilfen an der Doppellonge und denen des Reiters. An der Doppellonge wie auch später unter dem Sattel stellt hier der innere Zügel das Pferd ein. Der innere Schenkel bleibt biegend und vorwärtstreibend am Gurt, der äußere stellt die Hinterhand herein. Man sollte an der Doppellonge wie unter dem Sattel die äußeren Leinen - bzw. Schenkelhilfen - nicht verstärken, um das Pferd vorwärts zu treiben, da es sonst zu stark nach innen abgestellt wird. Auch hier sollte eine korrekte Abstellung über drei Hufschläge erreicht werden.

An der Doppellonge übernimmt die Gerte und Stimme die treibenden Funktionen, die Leinen übernehmen stellende Zügelhilfen und sind für die Abstellung der Hinterhand zur Vorderhand verantwortlich.

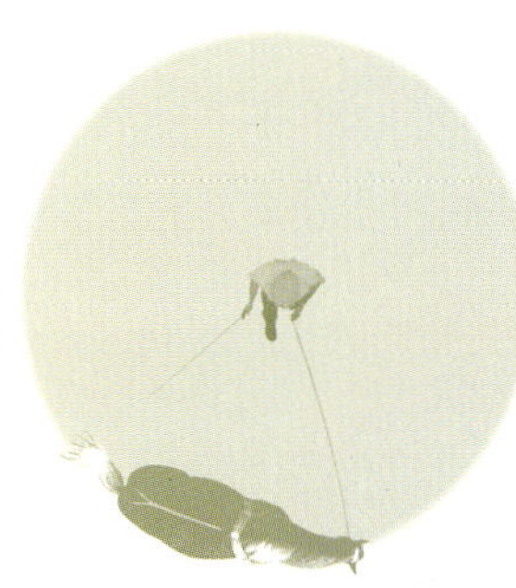

GELÄNDETRAINING

Viele Freizeitreiter sind von den Idealbedingungen für Pferdeausbildung - Round Pen, Sandplatz, eventuell Halle - weit entfernt. Oft ist man auf Grasplätze angewiesen, die sich schnell in Matschäcker verwandeln, wenn man auch bei Regen konsequent darauf arbeitet. Nun kann man viele der eben beschriebenen Übungen auch im Gelände durchführen. Nachdem das Pferd die Grundausbildung durchlaufen hat, sich also willig an der langen Leine führen lässt, spricht nichts dagegen, es daran auf Spaziergänge mitzunehmen und zwischendurch Übungen zum Anhalten, Rückwärtsgehen und Schulterherein einzuflechten. Gefährlicher als eine Wanderung am Führstrick ist eine solche Arbeitseinheit nicht. Interessanter Nebeneffekt der Ausflüge: das Pferd wird geländesicher und scheufrei, die Arbeit noch abwechslungsreicher. Ich verlege deshalb immer mal wieder eine Doppellongenstunde ins Gelände.

Fredy Knie sen. mit einem seiner Lippizaner in der Kapriole. Foto: Archiv Knie

AUSBLICK: ANREITEN

Für mich ist der Zeitpunkt zum Anreiten eines jungen Pferdes gekommen, wenn es an der Longe Schulterherein im Schritt und Trab beherrscht. Dann ist es ausreichend gymnastiziert und die Tragmuskulatur kann das Reitergewicht ohne Schwierigkeiten aufnehmen. Desweiteren ist das Pferd gewohnt, Stimmkommandos von hinten zu empfangen, es hat Schenkel- und Zügelhilfen kennengelernt, es hat ausreichend Vertrauen zum Ausbilder aufbauen können und nun kann mit dem Anreiten begonnen werden. Man sollte sich vor Augen führen, dass an der Stelle des Rückens, wo der Sattel liegt, das Pferd am wenigsten wehrhaft ist. Raubtiere in der Steppe haben immer versucht, diesen Platz zu erreichen, um das Pferd zu erlegen.

Natürlich wird das Pferd vor dem Anreiten in Ruhe an den Sattel gewöhnt. Wie alle neuen Ausrüstungsgegenstände lernt das Pferd ihn zunächst im Round Pen, dann bei der Arbeit an der Doppellonge kennen. Hierbei bewährt sich die sorgfältige Auswahl des Longiergurtes: Ein hochwertiges Produkt lässt sich so verschnallen, dass es über dem Sattel angelegt werden kann. Es erlaubt dann normale Doppellongenarbeit und damit Gewöhnung an die Zügelhilfen „unter dem Sattel“. Das einzig Neue bei der Arbeit unter dem Reiter ist somit die Konfrontation mit dem Reitergewicht. Die meisten an der Doppellonge vorbereiteten Pferde finden sich schnell und freudig damit ab, und zeichnen sich oft schon in den ersten Stunden unter dem Sattel durch gute Haltung und Durchlässigkeit gegenüber Reiterhilfen aus.

Wenn das Pferd nun angeritten ist, so bedeutet das nicht, dass die Doppellongenarbeit in Zukunft entfällt. Doppellongenarbeit im Rahmen der Klassischen Schule ist keine „Ausbildungsphase“, die man irgendwann als abgeschlossen betrachten kann. Stattdessen wird das Pferd „zwischendurch“ immer wieder zwischen den Leinen gearbeitet, und jede neue Lektion bis hin zu fliegenden Wechseln, Pirouetten und letztlich zu den Schulsprüngen wird vom Boden aus entwickelt.

In meinem Ausbildungskonzept gibt es überhaupt keine Übungsphase, die im Verlauf des Trainings ad acta gelegt wird. Selbst die einführende Round Pen-Arbeit wird immer mal wieder aufgenommen, um ein Pferd zu lockern, Spaß mit ihm zu haben und vielleicht die Grundlage einer zirkusreifen Freidressur zu bilden. Abwechslung ist Trumpf bei der Arbeit, denn schließlich soll sie niemals zur Langeweile und Last werden. Nur ein Pferd, das Freude an der Zusammenarbeit mit seinem Menschen findet, wird auch schwierigere Lektionen mit Ausdruck und Engagement erlernen und ausführen.

2. 3. 3. SPRINGGYMNASTIK

Die Arbeit über Hindernisse - vom kleinen Cavaletto bis hin zu höheren Sprüngen - hat einen ausgesprochen gymnastizierenden Effekt für jedes Pferd. Es verbessert Geschick und Gleichgewicht und stärkt die Hinterhand. Dazu macht es, richtig eingeführt, Reiter und Pferd Spaß und bietet somit willkommene Abwechslung von der Dressur.

Ich stelle deshalb schon in den ersten Arbeitsstunden im Round Pen gern ein paar Cavaletti auf und lasse das Pferd darüber traben oder galoppieren. Diese Arbeit macht das Pferd ausdrucksstärker, mutiger und aufmerksamer. Es schult nicht nur den Körper sondern auch die innere Kraft des Pferdes. Später, wenn das Pferd perfekt anlongiert ist, beginne ich dann mit gezielter Springgymnastik über höhere Sprünge.

Die Longenführung

Für die Springgymnastik verwende ich eine Doppellonge aus vier Meter Rundleinen und 14 Meter Gurt. Sie ermöglicht das Longieren auf größeren Zirkeln und ein besseres Heranführen an die Hindernisse. Bei der ersten Trabarbeit über Cavaletti im Round Pen kann aber noch mit der einfachen Longe gearbeitet werden. Der Anfänger wäre auch leicht damit überfordert, hier gleich mit der Doppellonge zu hantieren. Beginnt man dann die Arbeit an der Doppellonge, so kann es sinnvoll sein, die Longe zunächst wieder in den Kappzaumringen einzuhaken und erst später zur Verschnallung in den Trensenringen zurückzukehren. Eventuelle Fehler in der Longenführung wirken sich dann nicht gleich auf die empfindlichen Maulwinkel des Pferdes aus. Bei heftigen und möglicherweise wehrigen Pferden kann man auch wieder zur V-Verschnallung zurückkehren, sollte dann aber besonderen Wert auf korrekte Leinenführung und Lockern der Zügel über dem Sprung legen.

Das Verhaken der Longe an den Hindernisständern kann sicher verhindert werden, wenn man Bogenhindernisse nach Art der Cadre Noir verwendet. In diese praktischen Ständer können verschiedene Hindernisse eingebaut werden. Sie sind allerdings nicht in jedem Reitstall vorhanden, sodass man sie wahrscheinlich selbst anschaffen oder bauen lassen muss.

Die Doppellonge bietet die Möglichkeit, die Springgymnastik auf dem Reitplatz durchzuführen und die Zirkel zu verlegen. Das Pferd braucht also nicht in jeder Runde zu springen, sondern nur dann, wenn es gezielt vor den Sprung geführt wird. Hier ist auch abwechselnde Führung über verschiedene Sprünge und Kombinationen möglich.

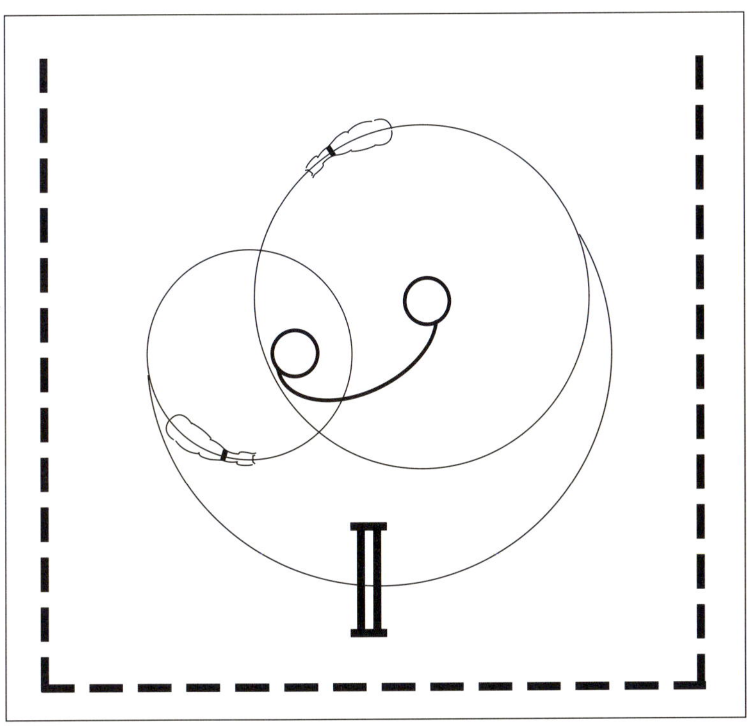

Hilfengebung

Springgymnastik über Bogenhindernissen verlangt vom Ausbilder hohe Flexibilität. Wer sie durchführen will, muss bereit sein, sich mit dem Pferd zu bewegen, und seine Zügelführung sollte gefestigt sein. Man longiert das Pferd zunächst auf einem großen Zirkel und verlegt den dann dahingehend, dass das Pferd auf der Kreisbahn springen muss. Das Springen auf der gebogenen Linie fördert den Gleichgewichtssinn. Über dem Sprung werden die Zügel nachgegeben, der Ausbilder bleibt auf gleicher Höhe oder geringfügig hinter dem Pferd. Er nimmt die Zügel nach dem Aufkommen sanft wieder auf und verlagert den Zirkel erneut, damit das Pferd nicht gleich noch einmal springen muss. Sehr wichtig ist, das Pferd während der Springgymnastik nicht zu unruhig und hektisch werden zu lassen. Ein nervöses Pferd wird zwischendurch immer wieder in den Schritt durchpariert und über andere Aufgabenstellungen beruhigt.

Erste Trabarbeit

Die Leinenführung beim Springen verlangt hohe Flexibilität.

Foto: Archiv Knie

3. FREIHEITSDRESSUR

Freiheitsdressur in der Manege ... Zirkusluft ... Tanzende Hengste unter der fast unsichtbaren Führung ihres Ausbilders...

Für mich ist die Pflege der Zirkustradition ein faszinierender Aspekt der Arbeit mit Pferden und eine Bereicherung der dressurmäßigen Ausbildung. Da sicher auch viele Freizeitreiter davon träumen, beschäftigt sich das folgende Kapitel mit den korrekten Methoden, ein Pferd zur selbständigen Mitarbeit im Manegenrund zu führen und ihm Zirkuslektionen wie Liegen, Sitzen und Knien beizubringen. Die Betonung liegt dabei übrigens auf Arbeit, nicht auf „Freiheit". Selbstverständlich begibt sich das Pferd nicht aus Spaß ins Kompliment oder Plié, sondern weil der Ausbilder es dazu auffordert. Der Trick, das Ganze freiwillig aussehen zu lassen, beruht auf der Leichtigkeit der oft nur angedeuteten Hilfen und der Fähigkeit, dem Pferd die Freude an ihren Aufgaben zu erhalten. Manegentraining ist Arbeit wie jede andere Pferdeausbildung auch, aber der Schwerpunkt liegt auf Zusammenarbeit, nicht auf „Dressur".

Die zirzensische Schulung eines Pferdes kann parallel zur Reitpferdeausbildung ablaufen. Sie trägt dann dazu bei, den Arbeitsalltag abwechslungsreicher zu gestalten. Manegentraining kann die oben erwähnte Grundausbildung im Round Pen ersetzen und ergänzen, allerdings nicht die Arbeit an der Doppellonge. Nur ein gut gymnastiziertes Pferd kann Zirkuslektionen mit Ausdruck ausführen.

Falls Sie Ihr Pferd später in der Manege schulen möchten, arbeiten Sie möglichst schon im Round Pen mit Peitsche und Handstock. Sie gewöhnen dabei sich und Ihr Pferd an die Führung und den Einsatz dieser Hilfsmittel.

Was die Befähigung eines Pferdes angeht, Zirkuslektionen zu erlernen, so kann ich dazu nur einen Satz des großen Fredy Knie anführen: „Alle Pferde tun alles, aber ein Pferd tut manches nicht." Es gehört zu den Aufgaben des Ausbilders, die Lektionen herauszufinden, die das Pferd leicht und gern erlernt, und ihm Übungen zu ersparen, mit denen es überfordert wäre.

3. 1. DAS ABC

Der Trensenzaum für die Manegenarbeit

Auf einen Blick: Die Ausrüstung für die Manege

Die Grundausbildung des Zirkuspferdes bezeichnet Fredy Knie als das „ABC", eine von ihm entwickelte Arbeitstechnik, die im Gegensatz zu früheren Techniken aus konsequenter Longenarbeit besteht. Früher setzte man auf jedes Pferd einen Reiter und die Figuren wurden solange geritten, bis sie allein vom Dresseur in der Mitte gesteuert werden konnten. Die Pferde lernten es auswendig und so wurde es auch ausgeführt. Anders beim ABC an der Longe, wo aus einzelnen Buchstaben ein Wort gebildet wird und später ganze Sätze, das heißt von Anfang an Kommunikation und Vertrauen zwischen Dresseur in der Mitte und dem Pferd an der Longe. Auf der Beherrschung dieser Übungen in der Manege baut später jedes weiterführende Training auf. Es ist deshalb dringend notwendig, sie als erstes zu vermitteln - auch wenn es auf den ersten Blick attraktiver erscheint, dem Pferd Hinlegen und Steigen beizubringen.

DIE AUSRÜSTUNG

Bei der Arbeit in der Manege trägt das Pferd einen Longiergurt, Ausbinder und einen Trensenzaum, den ich mit einem locker geschnallten Hannoverschen Reithalfter kombiniere. Je nach vorhergegangener Ausbildung kann man auch zunächst mit Kappzaum arbeiten. Oft wird dazu noch ein Schweifriemen eingeschnallt um den Gurt in der richtigen Lage zu halten. Die Ausbindezügel beugen einem Überbiegen im Hals vor und werden im Zirkus auch oft aus optischen Gründen angelegt. Das bedeutet aber nicht, das Pferd damit in Beizäumung zu zerren. Ich verschnalle die Ausbinder zunächst so lang, dass sie leicht durchhängen, wenn das Pferd bequem steht. Später passe ich die Verschnallung der steigenden Versammlung des Pferdes an. Auch das Hannoversche Reithalfter wird hier nicht eingesetzt, um Sperren zu verhindern oder gar die Atmung des Pferdes zu beengen.

Ich ziehe es dem Englischen nur deshalb vor, weil es seitliche Ringe aufweist, in die eine Longe eingeschnallt werden kann. Achten Sie also darauf, es nicht zu niedrig auf der Pferdenase und nicht zu fest zu verschnallen. Es muss mindestens vier Finger breit über dem oberen Nüsternrand liegen.

Der Ausbilder in der Manege arbeitet mit Peitsche und Handstock. Der Handstock sollte 1,50 bis 1,70 Meter lang sein und am Ende flexibel und weich. Im Grunde handelt es sich dabei um einen Touchierstock; aber er dient auch dazu, zu verhalten, den Takt anzugeben und zu führen. Wenn Sie nicht gleich einen richtigen Handstock anschaffen wollen, können Sie ihn zunächst durch eine lange Dressurgerte ersetzen.

Die Peitsche - im Zirkus „Chambrière" genannt, sollte eine Stocklänge von 1, 50 Meter aufweisen. Am Ende des 2,50 bis 3 Meter langen Schlages muss ein sogenannter „Schmitz" aus Nylon oder Hanf befestigt sein. Er vereinfacht das genaue Touchieren und hilft auch bei der Erzeugung der vielfältigen Peitschenlaute, mit denen ein geschulter Trainer arbeitet. Noch wichtiger als beim einfachen Longieren ist bei der Manegenarbeit der ganz korrekte und geschickte Einsatz der Peitsche. Es ist dringend anzuraten, die in anderen Kapiteln bereits erwähnten Übungen

Zum ersten Mal in der Manege

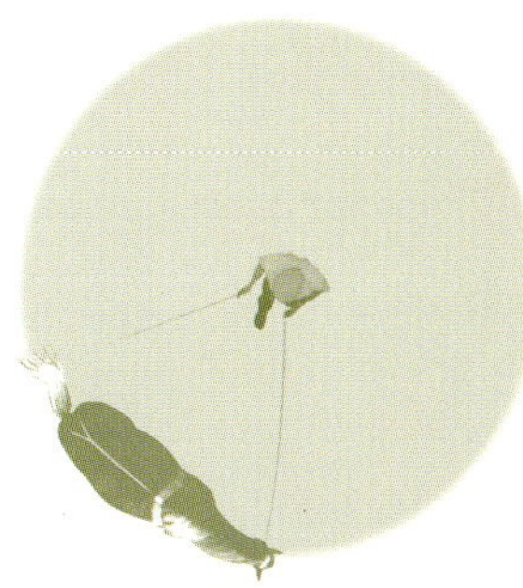

Der Ausbinder dient nicht dazu, dem Pferd den Kopf nach unten zu zerren ...

... sondern es zum Strecken nach unten und Suchen nach Anlehnung zu ermutigen.

zum Peitschengebrauch durchzuführen, bevor man sich an das Manegentraining heranwagt.

Die Manege selbst ist ein Zirkel von 12,5 Meter Durchmesser. Die Absperrung sollte nicht aus Flatterband bestehen, sondern etwas solider wirken, damit das Pferd bei der Freiarbeit nicht hindurch läuft. Bewährt hat sich zum Beispiel eine Absperrung aus Strohballen oder Strohballen und Stangen.

Der Einsatz von Peitsche und Handstock

Der (rechtshändige) Zirkusausbilder hält die Peitsche immer in der rechten, den Handstock in der linken Hand. Die Peitsche treibt das Pferd, der Handstock verhält. Nimmt das Pferd die Hilfen mit dem Handstock nicht an, so kann die Peitsche unter der Longe durchtauchen und die Hilfengebung mit dem Handstock unterstützen. Läuft das Pferd auf der rechten Hand, so arbeiten Handstock und Peitsche über Kreuz. Für den Ausbilder ist das zunächst eine Umstellung, aber wenn man sich erst daran gewöhnt hat, empfindet man es als angenehm, die schwerere Peitsche immer in der stärkeren Hand zu halten.

Wenn das Pferd auf dem Hufschlag läuft, im Grunde also longiert wird, soll der Handstock nach hinten zeigen, die Peitsche weist auf Höhe der Kruppe. Geht mein Pferd an der Longe, so halte ich auch diese in der linken Hand.

Anhalten

Zum Anhalten in der Manege verwende ich zunächst Peitsche und Handstock. Später genügt ein Stimmkommando. Sofern das Pferd auf der rechten Hand auf dem Hufschlag geht, trete ich etwas vor das Pferd, ziehe mit links den Handstock hoch in Richtung der Pferdeohren und gebe das Kommando zum Halten. Hält es dann nicht an, gehe ich weiter vor und unterstütze die Handstockhilfe mit der Peitsche. Dazu ziehe ich die Peitsche hoch und werfe den Schlag vor das Pferd. Dabei soll das Pferd selbstverständlich nicht am Kopf getroffen werden. Es hält an, wenn der Peitschenschlag vor ihm landet. Als Kommando zum Anhalten hat sich in der Zirkussprache das Doppelkommando „Hoho - Halt!" bewährt. Dabei wirkt das „Hoho" wie eine halbe Parade. Es bereitet das Pferd oder später die Pferdegruppe darauf vor, dass gleich ein einschneidendes Kommando erfolgt. Auf „Halt!" haben dann alle zu stehen.

Auf der linken Hand erfolgen die Hilfen fast genauso, die erste Hilfe wird aber mit der Peitsche gegeben. Nach erfolgter Übung wird wieder mit der Stimme gelobt - vergessen Sie nie die entscheidende Wichtigkeit der Stimmhilfe bei der Manegenarbeit! Solange die Übung noch in der Einführungsphase ist, kann man auch mal zum Pferd hingehen, es streicheln und loben und anschließend wieder auf den Weg schicken. Nach einem sehr schnellen und vielleicht etwas aggressiv durchgeführten Stopp kann ich das Pferd auch zum Appell zu mir herein rufen und in der Mitte des Zirkels belohnen.

Sitzt die Übung an der Longe und wird frei durchgeführt, bleiben alle Hilfen gleich.

Das Vorwerfen des Peitschenschlages unterstreicht die Hilfe zum Anhalten.

Korrektes Anhalten auf leichte Hilfen

VOM UMGANG MIT HENGSTEN

Im Rahmen der Manegenarbeit wird sehr viel mit Hengsten gearbeitet, und auch der klassische Ausbilder zieht sie Wallachen und Stuten fast immer vor. Tatsächlich zeigen Hengste die Schullektionen mit erheblich mehr Ausdruck; die meisten klassischen Lektionen sind ihrem natürlichen Verhaltensrepertoire entnommen. Der Umgang mit Hengsten erfordert vom Ausbilder jedoch viel Erfahrung und Bereitschaft, sich auf ihre Machtspiele einzulassen. Der Hengst wird die Rolle des Menschen als Alpha-Tier immer wieder in Frage stellen. Man muss ihm viel häufiger klarmachen, dass man von höherem Rang ist und ihn dominiert, als es bei Stuten und Wallachen nötig ist. Das bedeutet natürlich nicht, dass der Hengst von Natur aus „böse" oder „gefährlich" ist. Er ist lediglich dazu angelegt, eine sehr dominante Rolle in seiner Herde gegenüber Konkurrenten zu spielen und immer bereit, darum zu kämpfen. In der Freiheit ist es stets der stärkste Hengst, der decken darf, und jeder Hengst wird es folglich darauf anlegen, die erste Rangposition zu erreichen.Wer einen Hengst halten will, muss sich diesen täglichen Anfragen der Sorte „Bist du immer noch der Stärkste?" mit Ruhe und Selbstsicherheit stellen. Wer sich das nicht zutraut, hält besser einen Wallach.

Um einen Hengst gewaltlos zu dominieren, kann man sich die Übungen des Anhaltens und Rückwärtsrichtens zunutze machen. Vor allem letzteres ist hier wichtig, denn für den Hengst bedeutet es eine Demütigung, nach hinten ausweichen zu müssen. Wird ein Hengst also frech, so treibe ich ihn rückwärts, und zwar umso aggressiver, je energischer er meinen Rang als Alpha-Tier in Frage gestellt hat. Am Ende einer solchen Zurechtweisung sollte aber immer das Rückwärtsrichten in ine ruhige Übung übergehen um so wieder die Möglichkeit eines Lobes zu schaffen. Gestraft und getadelt wurde durch Ausführung und Gegen-übung und nicht in Form von Agression. Um den Gemützustand des Hengstes zu tsten, halte ich ihm den Handrücken unter die Nüstern. Schleckt er und riecht er ruhig daran, so kann ich ihn für die korrekte Übung des Rückwärtsrichtens loben. Schnappt er mit den Lippen danach oder versucht er sogar zu beißen, muss ich das Pferd weiter zurücktreten lassen und die Übung wiederholen. Hier sollten bei Ausweichversuchen des Pferdes zwei Helfer links und rechts stehen, um ausweichenden Manövern des Hengstes vorzubeugen.

Während des Rückwärtsrichtens und als Lob für eine ordentlich ausgeführte Arbeit kommen dann aber selbstverständlich wieder freundliche Worte. Das aggressive Rückwärtstreiben wandelt sich so in die Lektion Rückwärtsrichten, und schließlich geht das Pferd auf weiche Hilfen ruhig zurück. Ich halte es dann an und strecke ihm meinen Handrücken hin. Damit teste ich die Wirkung der Disziplinierungsmaßnahme. Hat das Pferd den Rang anerkannt, so wird es ruhig an meiner Hand schnuppern oder schlecken. Versucht es dagegen zu knabbern oder gar zu schnappen, muss es weiter zurück getrieben werden. Man darf hier auf keinen Fall locker lassen, sollte sich aber auch nicht in Ärger und Wut hineinsteigern.

Besonders sehr selbstbewusste, starke Hengste versuchen bei bestimmten Manegenlektionen gern „den Spieß umzudrehen" und die Übung gegen den Ausbilder zu wenden. Das kann gefährlich werden, wenn zum Beispiel das Steigen nicht korrekt trainiert und von Aggressivität entkleidet wurde. Es kommt aber auch schon bei Grundlektionen wie etwa dem Appell vor.

Erscheint ein Hengst zu schnell, zu scharf und aggressiv zum Appell, sodass die Gefahr besteht, daß er den „Sicherheitsbereich" von etwa 50 cm rund um den Ausbilder bedroht, muß er rechtzeitig mit dem Kommando „Ho-Halt!" gestoppt werden. Das Pferd muss lernen, eine gewisse Distanz zu seinem Menschen zu halten, auch wenn er es freundlich zu sich ruft. Auf keinen Fall darf dem Tier erlaubt werden, den Appell zu nutzen, um seinerseits den Ausbilder rückwärtstreten und damit klein beigeben zu lassen. Der Ausbilder hat immer vorwärts zu gehen und dem Pferd nie zu weichen. Wenn, wie beim Einüben des Appells, von dieser Regel abgewichen wird, muss die Rangordnung sofort wieder klargestellt werden, indem man den Hengst vor sich anhalten und vielleicht sogar ein paar Schritte rückwärts gehen lässt.

Abbiegen zum Appell

Der Hengst nähert sich etwas zu stürmisch ...

... und stoppt abrupt mit eher unfreundlichem Gesichtsausdruck.

RÜCKWÄRTSRICHTEN

Rückwärtsrichten ist eine Verstärkung der Hilfe zum Anhalten. Nachdem ich das Zeichen zum Anhalten gegeben habe, senke ich den Handstock ab und lasse das Pferd kurze Zeit stehen. Dann hebe ich den Handstock ähnlich wie beim Anhalten erneut an, wobei ich leichten Kontakt mit der Longe halte, damit sich das Pferd nicht nach außen wegdreht oder gar über die Manegenbegrenzung springt. Ich zupfe sanft an der Longe um das Pferd aufmerksam zu machen, und winke dann mit dem Handstock vor seinem Kopf. Dabei mache ich vielleicht auch ein paar Schritte auf das Pferd zu um ihm die Aufgabe zu verdeutlichen und gebe das Kommando „Zurück". Niemals wird das Pferd an der Longe zurückgezerrt und gezogen. Das leichte Zupfen dient nur der Kontaktaufnahme: ich „telefoniere" mit dem Pferd um es aufmerksam zu machen und anzusprechen. Hat das Pferd ein paar Schritte rückwärts gemacht, senke ich den Handstock, sage „Ho!" und lobe mit der Stimme oder vielleicht auch einem Leckerbissen. Bei guter Vorübung an der Longe nimmt das Pferd die Hilfe auch in Freiarbeit artig an. Tut es das nicht, gehe ich massiv auf das Pferd zu und winke weiter mit dem Handstock.

APPELL

Die Übung „Appell" bezeichnet ein Hereinrufen des Pferdes zum Longenführer. Geleitet von Longe, Handstock und Peitsche, später aber nur auf ein Stimmkommando hin, soll das Pferd auf mich zukommen und vor mir stehen bleiben.

Bei der Einführung des Appells setze ich zunächst die Longe ein und zäume das Pferd mit dem Kappzaum. Ich gebe das Kommando - ein langgezogenes „Hiieer!" - wenn das Pferd gerade auf Höhe des Ausgangs des Zirkels läuft und „ziehe" es dabei an der Longe zu mir hinein. Darunter ist natürlich kein Reißen, sondern eher ein Ziehen zu verstehen. Wichtig ist jedoch, dass die Hilfe abrupt kommt. Das Pferd soll lernen, auf das Kommando schnell zu reagieren. Kommt das Pferd nun auf mich zu, so gehe ich langsam einige Schritte rückwärts, wobei ich die Longe in großen Schlingen aufnehme. Das Rückwärtsgehen fixiert das Pferd auf meine Bewegungen und motiviert es dadurch, auf mich zuzukommen. Bei all dem behalte ich Peitsche und Handstock in der Hand, wedele allerdings nicht damit. Es ist ein häufiger Anfängerfehler, das Pferd zum Appell hereinzurufen, ihm aber gleichzeitig die Peitsche entgegenzuhalten. Das Pferd erlebt das als wegtreibende Hilfe, ist irritiert und wirft ängstlich den Kopf hoch, statt sich gelassen und freudig zu nähern. Ist das Pferd bei mir, so belohne ich es.

Sobald das Pferd begriffen hat worum es bei dieser Übung geht, kann ich deutlichere Hilfen mit Peitsche und Handstock geben. Nun weist die Peitsche dem Pferd den Weg nach innen, ein Peitschenschlag vor dem Pferd leitet die Übung ein. Der Handstock verhält, wenn es womöglich versucht, an mir vorbei zu laufen.

Die meisten Pferde lernen den Appell sehr schnell, kommen sie doch gern zu ihrem Ausbilder. Es ist aber wichtig, die Übung möglichst spritzig zu erhalten: wenn sie aus dem Trab durchgeführt wird, muss das Pferd auch aus dem Trab wenden und anhalten, ebenso im Galopp. In der Vorstellung wirkt der Appell vor allem durch seine Rasanz, den Eifer des Pferdes und den schnellen Stopp vor dem Ausbilder.

So ist es richtig. Der Hengst kommt mit freundlichem Ausdruck eifrig in die Mitte und bleibt ohne Anzeichen von Aggression stehen.

Etwas unwillige Pferde werden „gelockt", indem man sich rückwärts bewegt oder duckt.

UMSTRITTENE ÜBUNG?

Vielleicht werden einige meiner Leser mit Befremden registrieren, dass ich zur Einübung des Appells als Erweiterung der Longenarbeit rate. Predigen doch viele Reitlehrer und Schriften, das Pferd dürfe an der Longe grundsätzlich nicht nach innen zum Longenführer kommen, da sonst Eigenmächtigkeiten vorprogrammiert wären. Selbstverständlich ist es auch bei der Manegenarbeit nicht erwünscht, dass das Pferd jedes Mal in die Mitte tritt und den Zirkel verkleinert, wenn es ihm gerade passt. Kommt es jedoch auf Kommando und geht es dann auch wieder auf Kommando, so weicht das die Disziplin der Arbeit keineswegs auf, sondern fördert sie eher. Ziel ist es, Fehler des Pferdes nicht zu tadeln, sondern mit Gegenübungen zu korrigieren. Hat das Pferd den Appell gelernt, so kommt es zum Ausbilder und geht auch wieder nach außen an seinen Platz.

Kommt es eigenmächtig, so braucht der Ausbilder nur Stimmkommandos und Stockzeichen für das Herausgehen zu geben und das Pferd wird artig auf dem Hufschlag bleiben. Hat es das nicht gelernt, so muss der Ausbilder das Pferd mit der Peitsche tadeln oder zumondest treiben, was das Pferd auch meist veranlasst, wieder auf den Hufschlag zurückzugehen aber meist mit einem höheren Tempo und somit kommt Unruhe in die Arbeit. Wichtig ist hier wie überall konsequente Arbeit: Gehorcht mein Pferd aufs Wort und kommt beim Appell artig zu mir, erhält es eine Belohnung. Erscheint es allerdings ungefragt in der Mitte oder weigert es sich, nach dem Appell wieder hinauszugehen, so tadele ich es und kann es im Extremfall auch mit einem Klaps bestrafen. Wer diese Regeln einhält, braucht sich keine Sorgen um die Disziplin in der Manege oder im Round Pen zu machen.

Handstock und Peitsche geben die Richtung vor

Durch leichtes Anheben und Senken der Stöcke weicht das Pferd nach hinten.

RÜCKWÄRTSRICHTEN AUS DEM APPELL

Wenn das Pferd den Appell durchgeführt hat, lasse ich es zunächst kurz bei mir stehen und lobe es ausführlich. Danach kann ich es zurück auf den Hufschlag schicken oder eine andere Übung einbauen. Hier bietet sich zum Beispiel das Rückwärtsrichten an. Dazu stelle ich mich vor das Pferd, hebe leicht beide Arme mit Peitsche, Handstock und Longe und wedele etwas damit. Wenn das Pferd nun zurückweicht, treibe ich im Rhythmus seiner Bewegung: ich hebe den Handstock, wenn das linke Vorderbein zurücktritt und die Peitsche, wenn sich das rechte bewegt. Meine Hilfen ähneln damit ein bisschen den Bewegungen eines Dirigenten, und gerade so soll es ja auch sein: der Ausbilder dirigiert sein Pferd durch die Manege.

Um das Pferd zurück auf den Hufschlag zu treiben, stelle ich mich rechts von ihm, sofern es nach links, und links von ihm, sofern es rechtsherum gehen soll. Vorsichtig touchiere ich mit dem Peitschenstock den Hals des Pferdes und gebe dabei eine Stimmhilfe. Geeignet sind hier kurze und harte Laute, der gebräuchliche Befehl ist „Partée!". Das Pferd soll daraufhin natürlich nicht hektisch flüchten, sondern ruhig und gelassen auf den Hufschlag zurückkehren. Dabei ist es wichtig, dass es auf dem direkten Weg gerade auf den Hufschlag geht und ihn nicht etwa über ein Vergrößern des Zirkels erreicht. Kommt das Pferd auf dem Hufschlag an, lobe ich mit der Stimme.

Das Zurückgehen auf den Hufschlag verbinde ich meistens mit einem Handwechsel. So wird das Pferd gleichmäßig auf beiden Händen gearbeitet und die Arbeit gestaltet sich abwechslungsreicher. Eine dem Appell mit anschließendem Handwechsel sehr ähnliche Übung ist das im Folgenden erklärte Changer.

1: Holendes Zeichen mit dem Handstock

2: Das Pfeder läuft vor dem Ausbilder

3: Mit der Peitsche hinausgetrieben

4: Das Pferd ist auf der neuen Hand

CHANGER

Unter „Changer“ versteht der Manegenausbilder einen schwungvollen Wechsel durch den Zirkel. Das Pferd beschreibt dabei ein großes S. Die Übung ist dem Appell sehr verwandt - im Grunde entspricht sie dem Handwechsel aus dem Appell, also Hereinrufen und auf die andere Hand wieder hinausschicken. Hier entfällt lediglich die Belohnungspause in der Mitte der Bahn. In der Vorstellung wird das Changer meist im Trab gezeigt, aber wie jede andere Lektion übe ich ihn zunächst im Schritt ein. Sobald er „sitzt“, kann man daraus auch den fliegenden Galoppwechsel erarbeiten. Insofern halte ich das Changer für eine Übung, die nicht nur die Manegenarbeit, sondern jede Longenarbeit erheblich bereichert.

Ich kann mit der Arbeit daran beginnen, wenn mein Pferd den Appell auf Hilfen mit Handstock und Peitsche hin ausführt. Auch beim Changer weist die Peitsche dem Pferd zunächst den Weg in die Mitte. Dann verhalte ich es jedoch nicht mit dem Handstock, sondern breite auch den anderen Arm aus, zeige dem Pferd meine Seite und lenke es damit durch den Zirkel. Zumindest am Anfang touchiere ich es auch noch mit dem Handstock am Hals oder deute eine solche Hilfe zumindest an. Sobald das Pferd die Mitte passiert hat, treibe ich es wieder hinaus, indem ich mich umwende und ihm damit den Handwechsel signalisiere. Die Hilfen für Appell und Changer lassen sich ein wenig mit der Zeichengebung eines Verkehrspolizisten vergleichen: Ein in Richtung Pferd ausgebreiteter Arm bei dem Pferd zugewandtem Körper bedeutet: Komm her und stoppe vor mir! Wende ich dem Pferd dagegen die Seite zu, ist der Weg frei, an mir vorbeizulaufen.

Die Stimmhilfe zum Changer lautet „Changer!“. Auch hier wird ruhig, freundlich, aber bestimmt gesprochen, die Stimmhilfe soll weder ein Erhöhen noch Senken der Geschwindigkeit andeuten. Am Anfang kann man dem Pferd, das den Appell schon gut beherrscht, die Übung erleichtern, indem man es mit „Hier!“ hereinruft und das Kommando „Changer!“ erst einbringt, wenn das Pferd die Mitte passiert hat. Das sollte allerdings nicht zum Dauerzustand werden. Bei der Manegenarbeit ist es sehr wichtig, dass das Pferd alle Stimmhilfen beherrscht und auseinanderhält. Korrekt erfolgt das Kommando „Changer!“ vor dem Abbiegen auf die Mittellinie und löst dieses Abbiegen aus.

1: Holendes Zeichen

2: Das Pferd läuft vor dem Ausbilder herum...

3: ..und wird wieder mit dem Handstock hinausgetrieben.

Auch beim Changer wird zunächst mit der Longe gearbeitet. Dabei taucht natürlich das Problem auf, dass die in den Reithalfterring geschnallte Longe nach dem Handwechsel auf der falschen Seite sitzt. Ich halte das Pferd deshalb nach dem Changer auf dem Hufschlag an, wenn es sechs bis acht Schritte gemacht hat. Ich gehe dann zu ihm, lobe und belohne es und klicke die Longe dabei wieder richtig ein. Baut man das Changer in die dressurmäßige Longenarbeit ein und arbeitet dabei ohne Begrenzung durch Manege oder Round Pen, sollte das Pferd mit Kappzaum gezäumt sein. Dann kann die Longe am Mittelring über der Nase eingeklinkt werden und der Handwechsel ist kein Problem.

Das Changer aus dem Galopp beinhaltet wie gesagt einen fliegenden Wechsel. Hier die Hilfen zum Wechsel von links nach rechts: Wenn das Pferd zum Changer hereingekommen und den ersten Bogen des S absolviert hat, schicke ich es auf gewohnte Weise mit dem Handstock durch die Bahn in die neue Richtung. Die Peitsche taucht unter der Longe durch und touchiert das Pferd in der Achselbeuge, bzw. am Gurt, wo später die Schenkelhilfe erfolgt. Diese Touchierhilfe ist das Signal zum Galoppwechsel, denn es stellt das Pferd auf die neue Biegung ein. Voraussetzung für diese schon recht schwierige Übung ist natürlich eine annehmbare Gymnastizierung. Das Pferd muss bereits gelernt haben, ruhig und sauber auf dem Hufschlag zu galoppieren und möglichst auf beiden Händen gleich gern zu arbeiten und es muss in der Lage sein, sich um eine touchierende Peitschen- oder Handstockhilfe zu biegen, d.h. es hat gelernt, die Volte zu gehen.

FÜHRUNGSLONGE IN V-VERSCHNALLUNG

Spätestens, sobald das Pferd Appell und Volte gelernt hat, sollte man beginnen, es mit dem Freiheitsgeschirr, also Arbeitsgurt, Ausbinder und Trense zu arbeiten. Falls es Schwierigkeiten zeigt, sich bei der Manegenarbeit biegen und stellen zu lassen, ständig nach außen schaut und sich nicht konzentriert, kann man ihm vorübergehend die Führungslonge in V-Verschnallung anlegen.

Für die Arbeit auf der rechten Hand wird die Longe (aus Gurt, am Ende Kordel, ähnlich wie die Doppellonge) dazu erst durch den rechten Trensen- oder Kappzaumring gezogen und dann im Arbeitsgurt eingeklinkt. Sie muss dort in der gleichen Höhe befestigt werden wie der Ausbinder. Würde man sie tiefer einschnallen, könnte sie den Pferdekopf nach unten ziehen und damit verhindern, dass das Pferd sich freiwillig „fallen lässt".

Wenden Sie eine solche Verschnallung der Longe jedoch höchstens gelegentlich als Hilfsmittel an, nie als Zwangsmittel! Es würde jeder sanften Pferdeausbildung zuwiderlaufen, sie zum Beispiel beim Longieren ohne Begrenzung einzusetzen und das Pferd damit gewaltsam am Ausbrechen zu hindern.

OBEN:
So wird die Führungslonge eingeschnallt.

UNTEN:
Die Führungslonge hilft, das Pferd zu biegen.

VOLTE

Die Erarbeitung der Volte an der Longe wurde oben bereits ausführlich erklärt. Der Ausbilder geht dabei in Richtung Hufschlag, nimmt die Longe in großen Schlingen auf und bleibt in der Mitte der Volte, während das Pferd die Übung ausführt. Das wird im Rahmen der Manegenarbeit erweitert. Hier soll das Pferd die Volte so klein gestalten, dass der Ausbilder es von der Mitte der Volte aus mit Peitsche oder Handstock touchieren kann. Der Touchierpunkt entspricht dabei dem Bereich in der Gurtlage, in dem beim Reiten der Schenkel einwirkt. Das Pferd soll sich um die touchierte Stelle herum biegen, gleichmäßig auf der Kreislinie bleiben und dabei geschmeidiger und lockerer werden. Die so erzielte Rumpfbiegung wird später Ausgangspunkt von Übungen wie Schulterherein, Travers und letztlich auch Galopp-Pirouette. Auch bei der Manegenarbeit halte ich das Pferd zunächst an der Longe, die ich entsprechend der Voltengröße in großen Schlingen aufnehme und auslasse. Kommando zum Abbiegen in die Volte ist ein langgezogenes „Voltee!“ Es wird mit ruhiger Stimme gegeben, um das Pferd nicht zu erschrecken oder zu veranlassen, sein Tempo zu erhöhen oder zu drosseln. Das Kommando erfolgt bei jeder Umdrehung, auch wenn man mehrere Volten hintereinander abfordert.

Stimme und Touchierstock bleiben auch die Haupthilfen, wenn ich das Pferd später frei arbeite. In der Regel reagiert das Pferd sehr gut darauf. Schließlich habe ich ja von Anfang an nicht versucht, es mit der Longe in die Volte zu ziehen, sondern hauptsächlich mit körpersprachlichen Hilfen gearbeitet.

1

2

3

4

5

1: Zunächst führt die Longe das Pferd in die Volte.

2: Einleiten der Volte mit Peitsche und Handstock

3: Der Handstock gibt die Biegung an

4: Saubere Kreisbahn in der Biegung um den Handstock

5: Das Heben des Stocks in Richtung Pferdekopf weist zurück auf den Hufschlag.

KENNT IHR PFERD SEINEN NAMEN?

Eigentlich sollte es eine Selbstverständlichkeit sein, dass ein mit dem Menschen vertrautes Pferd seinen Namen kennt. Im Rahmen der Manegenausbildung lernt es ihn spätestens innerhalb der Grundausbildung. Das ist sehr wichtig, denn letztlich zielt das ABC ja darauf, die Pferde auf die Arbeit in der Gruppe vorzubereiten. Bei späteren gemeinsamen Auftritten muss es möglich sein, die Pferde einzeln aufzurufen und Lektionen durchführen zu lassen. Auch will der Ausbilder einzelne Tiere loben oder tadeln, sie müssen sich also individuell ansprechen lassen. Man trainiert das, indem man die Pferde im Rahmen der Grundausbildung immer wieder mit Namen anspricht, wobei stets zuerst der Name, dann das Kommando, beziehungsweise das Lob oder der Tadel ausgesprochen wird. So heißt es zum Beispiel: „Douché, hier!“, wenn ich meinen Isabellen zum Appell hereinrufe, oder „Condo, brav!“, wenn ich meinen Schimmel lobe. Bei der späteren Gruppenarbeit ist auch der Tonfall bzw. die Lautstärke der Rufe von großer Wichtigkeit. Der Name wird laut und deutlich gerufen um die Aufmerksamkeit des richtigen Pferdes auf mich zu lenken.

In der ersten Zeit der Gruppenarbeit hat jedes Pferd noch seinen eigenen Longenführer.

Appell

Dann erfolgt leiser der Befehl. Ich kann nun erwarten, dass nur das angesprochene Pferd reagiert. Die anderen bleiben auf der Kreisbahn.

GRUPPENARBEIT

Nachdem jedes Pferd einzeln die Grundübungen des ABC erlernt hat, kann man anfangen, die Gruppen zusammenzustellen, mit denen man später arbeiten möchte. Dabei geht man langsam vorwärts, arbeitet also zunächst zwei, dann drei Pferde zusammen, bis die endgültige Gruppenstärke erreicht ist. Zunächst braucht dabei jedes Pferd seinen eigenen Longenführer und Ausbilder. Am Anfang müssen besonders junge Hengste ständig ermahnt werden, Abstand zu halten und sich nicht gegenseitig zu ärgern und in Rangstreitigkeiten zu verwickeln. Jeder muss bereits seinen Namen kennen, damit er im Zweifelsfall weiß, wer gemeint ist. Man kann den Pferden das noch erleichtern, indem man Stimmhilfe und Namensnennung mit einer deutlichen Touchierhilfe verbindet. So fordert man zum Beispiel zum Abstand halten auf, indem man mit der Peitsche zwischen die zwei zu nah hintereinander laufenden Pferde zeigt, also das abgeschwächte Zeichen zum Anhalten gibt.

Sobald sich alle Aufgaben des ABC einzeln abrufen lassen, kann man mit Positionswechseln in der Gruppe beginnen. Dazu lässt man etwa alle Pferde Schritt gehen, nur das erste Pferd antraben und hinten aufschließen. Oder man lässt das letzte Pferd anhalten und die anderen Pferde weitergehen, bis sich das letzte Pferd schließlich an der Spitze der Gruppe wiederfindet.

Sehr wichtig bei der Manegenarbeit in Gruppen ist die genaue Kenntnis von Rang und Wesensart der einzelnen Pferde. Die Grundanordnung in der Gruppe sollte möglichst genau der natürlichen Rangordnung entsprechen; das stärkste Pferd muss also vorn, das schwächste hinten plaziert werden. Das beugt Rangstreitigkeiten vor und der Ausbilder braucht nicht so viel Energie, verfeindete und ärgerliche Pferde in Schach zu halten. Richtig plaziert lernen die Pferde ihre Rangplätze schnell kennen und nehmen sie auf das Kommando „An Platz!“ ein. Klappt das nicht, und ein Pferd wird zum Beispiel ständig von den anderen gehindert, zurück auf seinen Platz zu gehen, so muss ich diese Pferde anrufen und ermahnen oder vielleicht sogar anhalten, um die Lücke zu schaffen, in die das Pferd gehen soll. Kurz gesagt: Ich muss meinen Standpunkt als „Herdenchef“ klar unterstreichen und solche Rangstreitigkeiten im Keim ersticken. Später sollte es egal sein, auf welchem Platz in der Gruppe ein Pferd

Der Freiheitsdressur in der Gruppe geht zunächst eine komplizierte Longenarbeit voraus.

arbeitet. Da eine Freiheitsdressur oft nach Größe oder Farbe der Tiere sortiert ist.

Diese kurze Einführung in die Kunst der Gruppenarbeit zeigt hoffentlich schon, dass es sich dabei um ein recht schwieriges Kapitel handelt, bei dem ohne Erfahrung und kundige Helfer sehr viel schief gehen kann. Das gilt besonders, wenn man mit Hengsten arbeitet, also ein relativ großes Aggressionspotential was die Rangordnung betrifft handhaben muss. Verlassen Sie sich hier nicht auf Ihre Ausrüstung! Longen und Arbeitsgurte halten der entfesselten Wut zweier ausgewachsener Hengste kaum stand. Wer mit Pferdegruppen in der Manege arbeiten möchte, sollte das Vorgehen dabei von der Pike auf erlernen. Ein paar Wochen der Zusammenarbeit mit einem guten Lehrer sind unbedingt zu empfehlen!

Die Hengste kennen einander und respektieren den höheren Rang ihrer Ausbilder: Streitereien in der Manege sind tabu. Foto: Archiv Knie

ABWECHSLUNG DURCH CAVALETTIARBEIT

Fast jede Arbeitseinheit im Rahmen der Manegenausbildung verbinde ich mit einem kurzen Training über die oben schon erwähnten Rattan-Cavaletti. Beim Trab über die Bodenricks trainiert sich das Pferd selbst in Schwung und Takt und gewinnt dadurch an Ausdruck. Die Ausbinder bleiben während dieser Arbeit eingeschnallt. Voraussetzung dafür ist natürlich immer, dass sie nicht zu fest gezogen sind, sondern dem Pferd ausreichende Bewegungsmöglichkeit bieten.

Auch bei der Manegenarbeit ist es sehr wichtig, das Pferd nicht durch einen immer gleichen Übungsaufbau zu langweilen. Auf keinen Fall sollte jeden Tag dasselbe Programm durchgezogen werden. Besser konzentriert man sich auf jeweils eine Schwerpunktübung pro Arbeitseinheit. Nur wenige Grundübungen wie etwa der Appell und das Changer sollten in keiner Manegenstunde fehlen.

Cavalettiarbeit in der Gruppe

3. 2. Weiterführende Lektionen

In diesem Kapitel kommen wir zu den Übungen, die oft unter dem Begriff „zirzensische Lektionen“ erfasst und isoliert von sonstiger Manegenarbeit eingeübt werden. Der erfahrene Manegenausbilder führt sie jedoch erst ein, wenn das Pferd „den Appell hat“, also nach durchlaufener Grundausbildung. Das gilt besonders für Lektionen wie das Steigen, die ein beträchtliches Gefahrenpotential enthalten, wenn sie mit falschen Techniken eingeübt werden, und wenn man sie mit einem Pferd trainiert, das nicht über eine erstklassige Grunderziehung verfügt.

1: Walzer an der Longe: Annehmen der Longe

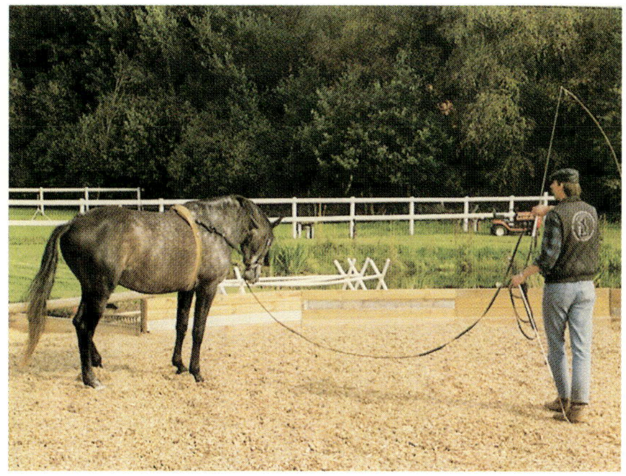

2: Wendung

3: Die Peitsche treibt zurück auf den Hufschlag.

4: Das Pferd wickelt sich in die Longe.

Der Walzer

Der Walzer im Rahmen der Manegenarbeit entspricht der Pirouette in der klassischen Dressur. Im Prinzip ist er nichts anderes als eine Hinterhandwendung um 360 Grad. Wie viele andere Übungen in der Freiheitsdressur wird er aus dem Appell heraus erarbeitet. Man bedient sich der Befehle „Komm her“ und „Geh weg“ um ihn abzurufen. Schließlich muss das Pferd ja zunächst den Hufschlag verlassen und sich dem Ausbilder in der Manegenmitte zuwenden. Es soll leicht über die Hinterhand drehend hereinkommen und wieder herausgehen, nachdem es sich um die eigene Achse gedreht hat.

Wie jede Lektion erarbeite ich auch den Walzer zunächst im Schritt und verwende eine Longe. Nehmen wir einmal an, das Pferd geht rechtsherum, und ich halte die Peitsche rechts, Handstock und Longe in der linken Hand. Nun gebe ich das Kommando „Walzee!“ und zupfe leicht an der Longe, um das Pferd hereinzuholen. Am Anfang kann ich das mit dem schon bekannten Stimmkommando „Hier!“ unterstützen und dabei auch ein paar Schritte rückwärts machen. Sobald das Pferd um 90 Grad zur Mitte abgewendet hat. Den Rest der 360 Grad-Wendung erarbeite ich durch Touchieren mit Peitsche oder Handstock. Das Pferd wird gelobt, sobald die Übung vollendet ist. Falls dies so nicht gelingt, kann ein Helfer hinzugerufen werden, der das Pferd die ersten Tage führt, um so Fehler zu vermeiden und Missverständnisse auszuschließen. Natürlich verwickelt sich das Pferd beim Walzer in die Longe. Es muss also gleich nach der Übung angehalten und befreit werden, indem man die Longe über Kopf und Rücken frei schlägt. Wenn sich das Pferd vor diesen Bewegungen der Leine nicht fürchtet und man selbst geschickt genug dazu ist, kann man das auch aus der Entfernung und in der Bewegung machen.

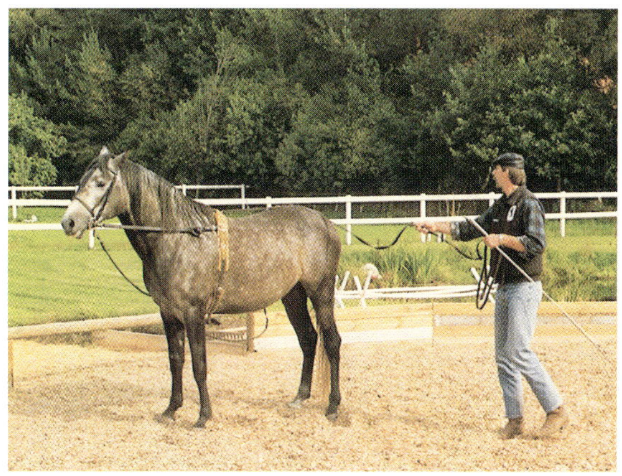

5: Überschlagen der Longe

Hat das Pferd die Übung erst einmal verstanden und reagiert auf die Zeichen, so reduziert man die Hilfengebung. So wird das Pferd jetzt nicht mehr an der Longe zur Mitte gezupft, sondern gestoppt und abgewendet, indem man beide Stöcke vor ihm hochzieht und wieder runter.

Die Bewegung in die Mitte wird durch Heben des Handstockes ausgelöst.

Das Pferd orientiert sich an den Peitschenhilfen und vollendet die Wendung.

Sobald das Pferd den Walzer im Schritt und im Trab ohne Longe beherrscht, kann man beginnen, an der Pirouette im Galopp zu arbeiten. Was der Dressurreiter mit Schenkel-, Zügel- und Sitzhilfen abruft, wird in der Manege allein mit Stimme und Zeichen erarbeitet. Das kann jedoch nur gelingen, wenn eine fundierte Vorarbeit stattgefunden hat. Das Pferd muss das ABC perfekt beherrschen. Solange es den Appell noch nicht hat, wird jegliche Arbeit an den weiterführenden Übungen mit Zerren, Ziehen und Drücken verbunden sein. Das macht dann weder Pferd noch Mensch Freude und zieht bald Widersetzlichkeiten nach sich.

Die Galopp-Pirouette wird aus dem Trab heraus erarbeitet. Das Pferd beginnt die Übung im Trab, und wird erst nach 300 Grad der Wendung in den Galopp touchiert. Natürlich erfolgt dazu auch das schon bekannte Stimmkommando zum Angaloppieren, damit das Pferd nicht erschrickt. Es wird dann anspringen und die letzten Schritte der Wendung galoppieren. In der nächsten Zeit tastet man sich dann langsam an die volle Pirouette im Galopp heran, indem man die Hilfe zunächst bei 300 Grad, dann bei 250, 200 und so weiter gibt.

Vertrauen zum Ausbilder und zur Peitsche

Plié, Knien, Liegen und Sitzen - Grundsatzüberlegungen

Plié, Knien, Kompliment, Liegen und Sitzen sind eng miteinander verwandte Übungen.

Oft werden sie ohne Einbettung in die Manegenarbeit, also ohne vorhergehende Grundausbildung im ABC als Kunststückchen erarbeitet. Man rechtfertigt das damit, dass diese Übungen ausschließlich Bewegungsabläufe abfordern, die dem Pferd von Natur aus geläufig sind. Jedes Pferd legt sich schließlich jede Nacht hin und braucht folglich keine besondere Gymnastizierung, um diese Bewegung auch auf Kommando auszuführen. Das ist zwar nicht grundsätzlich falsch, aber ich halte trotzdem nichts vom isolierten Training dieser Lektionen, und erst recht nichts von „Schnellkursen“, in denen möglichst mehrere Übungen in drei Tagen erarbeitet werden. Meiner Ansicht nach entsprechen diese Lektionen „am Boden“ den weiterführenden Lektionen in der klassischen Dressur: auch Passage, Levade, Capriole usw. sind keine widernatürlichen Bewegungen, sondern können häufig auf der Weide beobachtet werden. Um sie aber bei der Arbeit unter dem Reiter in der geschlossenen, engen Reitbahn abrufbar zu machen, braucht das Pferd durchaus zusätzliche Gymnastizierung und viele Jahre geduldiger Aufbau.

Bei den Übungen „am Boden“ kommt noch hinzu, dass ein Pferd sehr viel Vertrauen zum Ausbilder haben muss, um sie angstfrei und locker ausführen zu können. Als Fluchttier ist das Pferd darauf angewiesen, bei Gefahr sofort durchstarten zu können. In ungewohnten Situationen, also in unbekannter Umgebung, im Beisein fremder Menschen und anderer Tiere, ist sein Sinn für Gefahren besonders alarmiert. Gerade hier - auf Schauen, Messen, in Hallen, bei künstlichem Licht und womöglich im Spot eines Scheinwerfers - soll das Pferd nun auf die Fluchtbereitschaft verzichten und sich dem Ausbilder auf Kommando zu Füßen legen. Das klappt nicht von heute auf morgen! Bevor Sie also überhaupt beginnen, Lektionen am Boden zu erarbeiten, sollten einige Voraussetzungen gegeben sein. So muss das Pferd zum Beispiel in der Box oder auf der Weide liegen bleiben, wenn Sie sich ihm nähern. Es darf keine Hemmungen haben, sich an der Hand, beziehungsweise in der Nähe des Ausbilders zu wälzen - und das bitte nicht nur, sofern es klatschnass geschwitzt und zu Tode erschöpft ist, sondern nach der ganz normalen, täglichen Arbeit! Falls Ihr Pferd noch nicht einmal genug Vertrauen und Arbeitsfreude aufbringt, um sich auf der Weide von Ihnen fangen zu lassen, vergessen Sie Zirkuslektionen! Hier sind einfache Bodenarbeit im Round Pen, Führtraining und ähnliche Grundübungen zur Vertrauensbildung angebracht!

Kompliment, Hinlegen usw. sind meiner Ansicht nach erst dann angesagt, wenn das Pferd „den Appell hat", das ABC also gut ausführt. Nun gibt es natürlich Reiter, die keine Manegenarbeit betreiben, diese Lektionen aber im Rahmen sonstiger Dressurarbeit einüben möchten.

Sehr wichtig bei der Arbeit an den Lektionen am Boden ist die Wahl des richtigen Arbeitsplatzes. Der Untergrund muss griffig, weich und auf gar keinen Fall rutschig sein. Besonders sensible Pferde verlieren schnell das Vertrauen in sich selbst und ihren Ausbilder, wenn ihnen einmal das „Standbein" wegrutscht oder sie sich Röhrbein oder Vorderfußwurzelgelenk anschlagen, weil das Knien auf zu hartem Boden abgerufen wurde.

Mit oder ohne Hilfslonge?

Viele Ausbilder, auch professionelle Zirkusausbilder erarbeiten die Lektionen am Boden mit einer Hilfslonge. Das kann ein einigermaßen harmonisches Bild abgeben, aber auch in Reißen, Zerren und Schieben ausarten, dem Pferd Angst und Schmerzen zufügen. Ich versuche es deshalb grundsätzlich erst ohne Hilfsmittel. Stattdessen „versüße" ich den Pferden die Übungen, indem ich sehr viel mit Leckerli arbeite. Das Pferd soll die Lektionen als angenehme Abwechslung von der sonstigen Arbeit kennen lernen und nicht als Zwang.

Natürlich gibt es Pferde, die eher langsam denken und lernen. Ihnen kann der Einsatz einer Hilfslonge im richtigen Moment eingesetzt, zum Geistesblitz verhelfen. Es ist aber sehr wichtig, diesen richtigen Moment zu erkennen, und die Tiere nicht mit dem Hilfsmittel zu überfallen oder zu ängstigen. Viele Laien sind dazu nicht in der Lage und setzen die Longe - schon mangels Übung! - sehr ungeschickt ein. Im Sinne des Pferdes ist das ganz sicher nicht, und es führt auch nur selten zum Erfolg. Aus diesem Grund möchte ich hier auf die Beschreibung des Einsatzes der Hilfslonge verzichten - ausgenommen natürlich beim Steigen, der einzigen Übung, bei der die Hilfestellung zwingend nötig ist. Klappt die Erarbeitung der Lektionen nicht wie hier geschildert, besuchen Sie vielleicht einen Kurs oder verzichten einfach auf diesen speziellen Trick. Erinnern Sie sich an die Worte Fredy Knies: „Alle Pferde machen alles, aber das einzelne Pferd macht manches nicht!"

Bei der Erarbeitung des Steigens kann man nicht auf die Hilfslonge verzichten.

Zeit

Die Ausbildung eines Pferdes, egal ob Dressur-, Schau- oder Zirkuspferd ist langwierig! Das habe ich zwar schon mehrmals erwähnt, aber es ist im Zusammenhang mit den Lektionen am Boden so entscheidend wichtig, dass ich es hier nochmals wiederhole. Allein für das Training des ABCs veranschlagt man im Zirkus Knie zwischen einem halben und einem ganzen Jahr. Wie lange für die Erarbeitung der weiterführenden Übungen gebraucht wird, ist sehr stark abhängig vom individuellen Pferd - und natürlich auch vom Geschick des Ausbilders. Unter meinen Schülern gibt es Reiter und Pferde, die ein bis zwei Jahre allein für die Arbeit am Kompliment gebraucht haben. Letztlich haben die Pferde es dann aber ohne Kraftausübung und Zwang gelernt. Jedes Pferd braucht seine individuelle Zeitspanne um in die Übungen hineinzuwachsen. Je mehr Zeit ich mir für die Erarbeitung des Fundaments nehme, desto schneller lernt es dann die weiteren Übungen. Verlieren Sie also nie die Geduld. Jedes normale Pferd ist bemüht, seinem Menschen zu gefallen und strengt sich noch mehr an, wenn es zusätzlich mit einer leckeren Belohnung rechnen darf. Man muss ihm aber Zeit lassen, die Aufgabe zu verstehen!

PLIÉ

Zum Plié streckt das Pferd seine Vorderbeine nach vorn aus, verlagert sein Gewicht auf die Hinterhand und drückt den Rücken damit stark nach unten durch. Die Bewegung ist eine nach hinten wiegende. Das Pferd macht sozusagen „einen Diener". Im natürlichen Verhalten sieht man den Bewegungsablauf des Plié, wenn sich das Pferd nach dem Aufstehen räkelt und streckt.

Beim Plié geht das Pferd noch nicht richtig zu Boden. Insofern ist die Übung relativ leicht zu erlernen und ein guter Einstieg in diesen Übungskanon.

Bevor man mit der Erarbeitung dieser Übung beginnt, muss das Pferd ruhig stehen können und sich leicht rückwärts richten lassen. Man führt die Lektion nun ein, indem man dem Pferd ein Leckerli zwischen den Vorderbeinen reicht. Es wird sehr schnell begreifen, dass es den Kopf senken und zwischen die Vorderbeine führen muss um das Futter zu erhaschen. Sobald das verstanden wurde, wird das Pferd zum Training am Plié aufgetrenst. Die Zügel legt man über den Hals. Der Ausbilder stellt sich nun auf die linke Seite des Pferdes und ergreift die Zügel mit der linken Hand. Die rechte lockt das Pferd mit dem Leckerbissen zwischen den Vorderbeinen nach unten. Sobald es den Kopf senkt, führen die Zügel es sanft rückwärts um die Wiege nach hinten auszulösen. Erfolgt diese Hilfe zum richtigen Zeitpunkt, so wird das Pferd sich zurücklehnen, die Vorderbeine aber stehen lassen. Am ersten Tag genügt es, wenn es nur ein oder zwei Zentimeter „zurückwiegt". Man gibt dann sofort den Leckerbissen, lobt und entlässt das Pferd mit dem Kommando „Auf" wieder in Normalstellung. Im Laufe der Zeit kann man den Schwierigkeitsgrad dann allmählich steigern. Die Bereitschaft, sich zurückzuwiegen, das Vertrauen zum Menschen, der diese ungewöhnliche Bewegung abfordert und auch die Geschmeidigkeit des Bewegungsapparates werden dabei immer größer. In der Regel braucht ein Pferd mehrere Wochen, bis es ein wirklich tiefes Plié zustande bringt. Ich trainiere die Übung aber auch nicht öfter als ein oder zwei Mal pro Tag. Ansonsten wird es langweilig, verursacht womöglich Muskelkater und führt damit zu Widersetzlichkeiten.

Übrigens setze ich die Arbeit an den Lektionen vom Boden fast immer an den Schluss der täglichen Arbeit mit den Pferden. Hier gibt es Leckerbissen, die Arbeitssequenz endet also mit Erfolgserlebnissen, und auch mir als Ausbilder bereiten die Übungen besonders viel Spaß. Ich betrachte sie sozusagen als „Filetstücke" meiner Alltagsarbeit.

Sobald das Pferd das Plié mit Zügelhilfe beherrscht, beginne ich die Hilfengebung wieder zu vereinfachen. Das Pferd soll die Übung nun ausführen, sobald ich es in der inneren Achsel - nicht am Bein! - mit Handstock oder Gerte touchiere. Das Pferd soll sich in gewisser Weise „auf den Stock lehnen". Um ihm das verständlich zu machen, verbinde ich die Touchierhilfe zunächst mit der „Leckerlihilfe". Das Pferd kennt ja bereits den Zusammenhang zwischen der Fütterung zwischen den Vorderbeinen und Absinken zum Plié. Ich touchiere es nun also mit der in der linken Hand gehaltenen Gerte und reiche mit der rechten wieder den Leckerbissen. Im Laufe der Zeit versuche ich dabei, die Touchierhilfe immer etwas früher einzusetzen als das Locken mit dem Leckerli. Sobald das Pferd gelernt hat, sich allein auf die Gertenhilfe hin herabzulassen, erhält es die Belohnung erst nach erfolgter Übung, also wenn es sich auf Kommando wieder erhoben hat. Es wird das Plié dann bald mit erhobenem Kopf ausführen, was sehr viel graziöser aussieht, als das „Einrollen" von Kopf und Hals in der ersten Arbeitsphase. Als Ausbilder kann ich das unterstützen, indem ich mit der rechten Hand die Zügel ergreife und daran spiele, wenn das Pferd den Kopf noch zu tief einstellt.

Die Futtergabe hilft dem Pferd, die Übung zu verstehen.

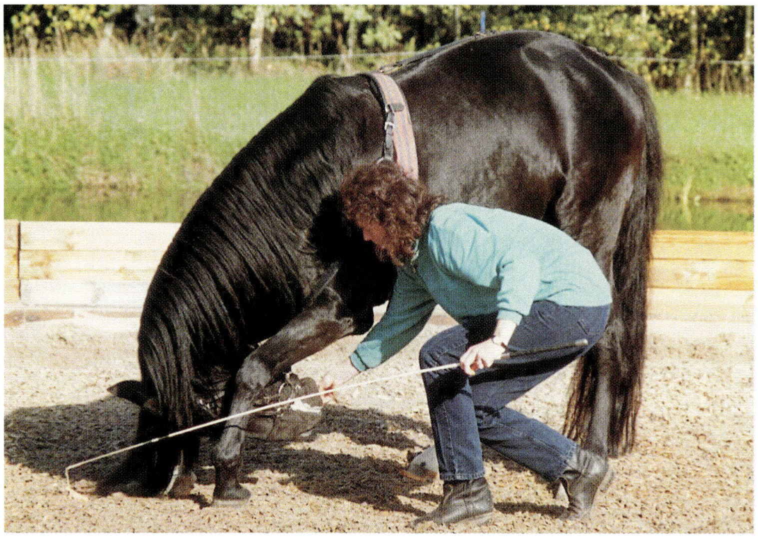

Spanischer Schritt: Das Pferd bewegt das Bein „gegen den Stock".

TOUCHIEREN BEI SCHAULEKTIONEN

Bei der Hilfengebung zu allen Schaulektionen, sei es Plié, Kompliment, Hinlegen oder Spanischer Schritt, gilt ein Grundsatz: Das Pferd soll der Touchierhilfe nicht weichen, sondern sich in ihre Richtung bewegen. Man sagt, es arbeitet „gegen den Stock". So wird das Röhrbein etwa beim Kompliment von hinten touchiert, während die Gerte beim Spanischen Schritt die vordere Seite antippt.

SCHAFFEN SIE KEINE „BEDINGTEN REFLEXE“!

Alle Lektionen in diesem Kapitel werden mit Hilfe von Futter erarbeitet. Sie müssen sich aber davor hüten, jede Leckerligabe mit einer ganz bestimmten Übung zu verbinden. Auf keinen Fall sollte Ihr Pferd ermuntert werden, jedes Mal ins Plié abzusinken, wenn es einen Leckerbissen erhält, und ebenso wenig darf es belohnt werden, sobald es unaufgefordert ein Kompliment gemacht, sich hingelegt hat oder gar gestiegen ist. Mit solchen Fehlern in der Belohnungpraxis können Sie theoretisch einen bedingten Reflex schaffen, wie bei den bekannten, pavlowschen Hunden. Häufiger werden Sie Ihr Pferd aber „nur“ dazu erziehen, seine frisch erlernten Kenntnisse gegen Sie einzusetzen. Dabei ist es noch harmlos, wenn es sich nur gelegentlich einen Leckerbissen erschleicht, indem es Sie mit einem unaufgefordert gezeigten Trick überrascht. Schlimmer wird es, sobald es Sie steigend über die Wiese jagt, und sich wundert, warum Sie flüchten, statt zu füttern, oder die Reitstunde alle fünf Minuten durch willkürliches Hinlegen unterbricht.

Achten Sie also darauf, jede Übung nur dann zu belohnen, wenn sie auf Ihre Anweisung hin begonnen, ausgeführt und beendet wurde, und füttern Sie das Pferd auch manchmal für andere Leistungen als im Rahmen der Manegenarbeit aus der Hand. Ihr Pferd muß sie als Ausbilder und „Alpha Tier“ kennen und schätzen, nicht als „Futterautomat“!

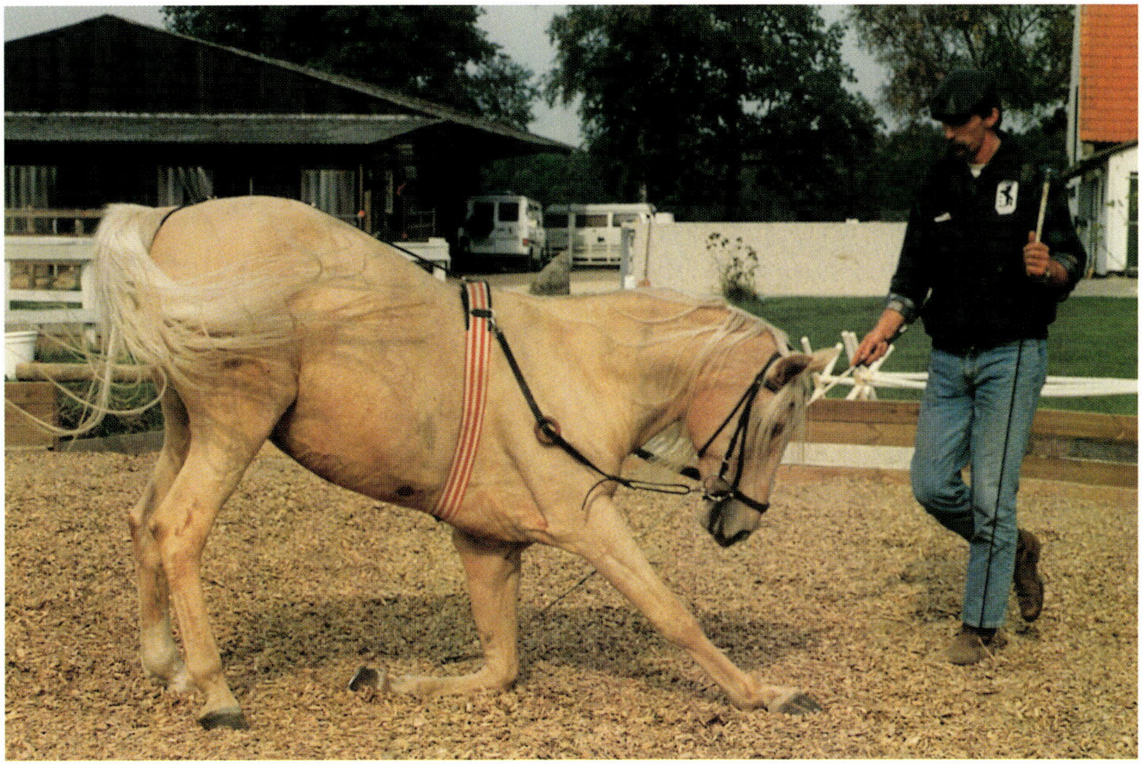

Ein sensibles Pferd lernt die Hilfe für das Kompliment sehr schnell.

KOMPLIMENT

Beim Kompliment führt das Pferd eine Art „Knicks“ aus. Es streckt ein Vorderbein nach vorn und stützt das andere auf Vorderfußwurzelgelenk und Röhrbein. Für diese Übung benötigt es erheblich mehr Balance und Beweglichkeit, als die meisten Reiter meinen. Es ist deshalb weder schlimm noch ungewöhnlich, wenn ein Pferd relativ lange braucht, sie zu erlernen. Selbst Pferde, die diese Lektion „selbst entdecken“ und sich immer mal wieder niederknien, um zum Beispiel Gras unter einem Zaun wegzufressen, benötigen einige Zeit des Probierens, bevor es klappt. Das Kompliment sollte deshalb erst nach der dressurmäßigen Grundausbildung und auf keinen Fall mit einem sehr jungen Pferd erarbeitet werden. Letzteres gilt in besonderem Maße, wenn Sie nicht nur die hier geschilderte, „sanfte“ Methode anwenden, sondern eine Hilfslonge einsetzen wollen. Bei einem sehr gut vorbereiteten, sensiblen Pferd klappt das Kompliment gleich auf Touchierhilfen. Das Bein wird von hinten antouchiert, woraufhin das Pferd es anhebt. Aus dieser Haltung heraus wird es mit Hilfe eines Leckerbissens nach unten gelockt. Falls Ihr Pferd auf so einfache Hilfen nicht reagiert, können Sie das Pferdebein auch zunächst anheben und sanft nach hinten führen, während Sie dem Pferd den Leckerbissen hinhalten. Es wird der Lockung umso leichter folgen, wenn es das Plié schon kann, und somit die Richtung nach unten kennt. Achten Sie darauf, dass das Pferd sicher steht, bevor Sie es nach hinten unten locken. Aus einer ganz leicht gestreckten Stellung fällt es ihm leichter, herunterzukommen, als aus stark gestauchter. Wenn Sie das Pferdebein zum Kompliment anheben, ist es auch sehr wichtig, mit dem Kopf in Blickrichtung des Pferdes zu stehen und nicht wie beim Hufegeben in Richtung Schweif. Ansonsten könnte das Pferd diese Übungen nämlich leicht verwechseln und dem Schmied beim nächsten Beschlag „zu Füßen sinken“!

Auch Plié und Kompliment sind für das Pferd schwer auseinander zu halten. Es kann deshalb sein, dass man sich auf Dauer für eine dieser Übungen entscheiden muss. Man erlaubt dem Pferd dann, die andere zu vergessen.

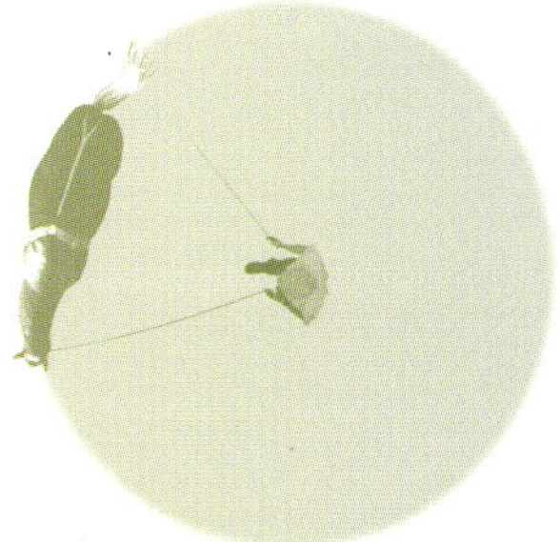

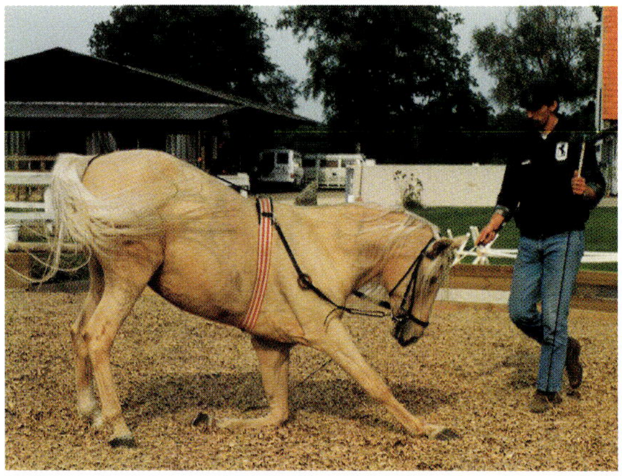

Das Knien wird erst erarbeitet, wenn das Kompliment richtig „sitzt".

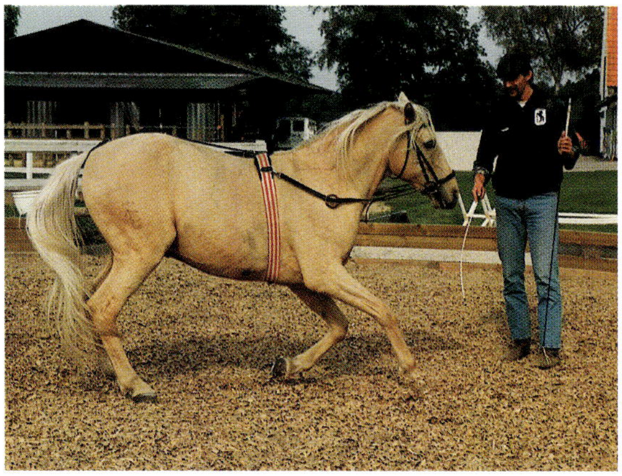

Antouchieren des anderen Vorderbeines.

So ist es richtig.

KNIEN

Das Knien ist dem Kompliment sehr ähnlich und dient vor allem als Vorübung für das Hinlegen. Der einzige Unterschied zum Kompliment besteht darin, dass das Pferd nun beide Vorderbeine anwinkelt, also auf beiden Vorderfußwurzelgelenken und Röhren kniet. Die Übung sollte erst dann erarbeitet werden, wenn das Pferd das Kompliment sicher und auf leichte Hilfen hin beherrscht. Ansonsten wird es die beiden Übungen immer wieder verwechseln.

Die Hilfengebung zwischen Knien und Kompliment ist sich sehr ähnlich. Der einzige Unterschied besteht darin, dass jetzt nicht nur eins, sondern beide Vorderbeine von hinten touchiert und damit zum Anwinkeln gebracht werden. Ob man das gleichzeitig macht, oder kurz hintereinander, hängt davon ab, wie das Pferd sich hinlegt. Beobachten Sie also vorher, ob Ihr Pferd sich schnell oder eher behäbig auf die „Knie" niederlässt, bevor es sich zu Boden sinken lässt. Knickt es ein Bein nach dem anderen ab, geben Sie auch so die Hilfen zum Hinknien. Lässt es sich flott fallen, touchieren Sie beide Beine gleichzeitig.

HINLEGEN

Das Hinlegen erarbeite ich über das Wälzen. Das ist vielleicht eine etwas unkonventionelle Methode, aber für das Pferd sehr logisch und leicht zu verstehen. Wie schon gesagt, stehen die Lektionen am Boden bei mir stets am Ende der täglichen Arbeit. Das Pferd ist dann in der Regel feucht von Schweiß und würde sich gern wälzen. Ich begleite es dazu auf seinen Lieblingswälzplatz und behalte es dabei am Halfter. Sobald es Anstalten macht, sich hinzulegen, klopfe ich neben ihm ruhig mit der Gerte auf den Boden und gebe mein Stimmkommando „Down!" für das Ablegen. Eventuell gehe ich dabei auch etwas in die Hocke. Das Pferd lässt sich nun zu Boden sinken und in dem Moment, in dem es liegt, gebe ich ihm ruhig aber flüssig eine Möhre oder einen Apfel. Auf jeden Fall sollte es ein Leckerbissen sein, an dem es länger zu kauen hat, als an einem einfachen Vitaminwürfel. Wenn mein Pferd ruhig bleibt, lasse ich es ein oder zwei Mal von der Möhre abbeißen, um es möglichst lange im liegenden Zustand zu halten und dabei zu beschäftigen. Danach schicke ich es wieder hoch, bevor es sich wälzen konnte. Ich lobe es und gebe ihm noch einen Leckerbissen. Schließlich lasse ich es frei und gehe weg von ihm, denn jetzt soll es sich in Ruhe wälzen. Auf die Dauer lernt das Pferd so die Stimm- und Gertenhilfen zum Hinlegen. Wichtig dabei ist, das Pferd so abzulegen, dass ich grundsätzlich auf der beinabgewandten Seite zu stehen komme. Wenn das Pferd sich nach links legt, muss ich links stehen und umgekehrt. Das Pferd könnte mich sonst verletzen, wenn es erschrickt und plötzlich aufspringt. Am Anfang bewege ich mich gezielt auf diese Position, während das Pferd sich niederlegt, später wirke ich mit meiner Gerte ein, um seine Bewegungen beim Hinlegen zu beeinflussen. Das Pferd muss lernen, sich gegen den Stock und gegen meinen Körper zu legen, das Klopfen mit dem Stock am Boden wird dazu durch Klopfen an Vorder- und Hinterbeinen oder an der Schulter ergänzt. Schließlich will ich das Liegen später auch vom Sattel aus abrufen können.

Ein korrektes, kontrolliertes Hinlegen ist auch entscheidend für die Ausführung der Übung in Balance. Das Pferd soll sich langsam ablegen und nicht fallen lassen. Steht man links von ihm, so kann man hier Hilfestellung leisten, indem man dem Pferd das gut auf den Boden gestemmte rechte Bein als Stütze beim Ablegen anbietet. Steht man rechts, so wirkt das linke Bein im Bereich der Gurtlage als Stütz- und Anhaltspunkt.

Zügelhilfe zum Aufstehen

1: Zunächst die Hilfen zum Knien

2: Antouchieren im Schulterbereich

3: Ablegen

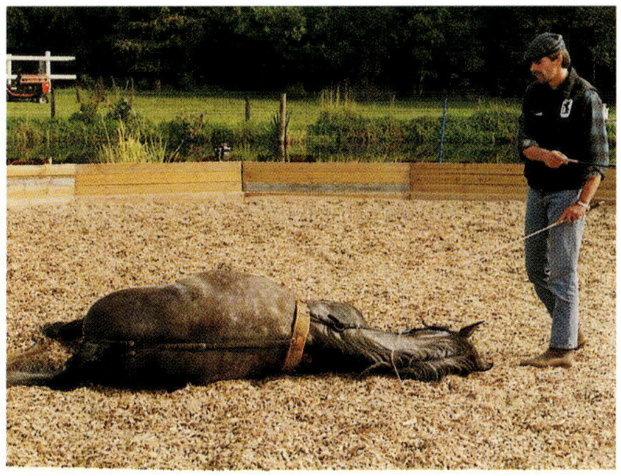

4: Flachlegen, das Pferd wird mit der Peitsche gestreichelt.

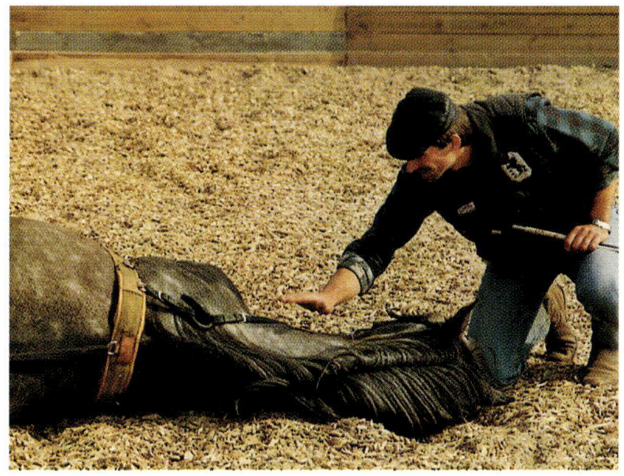

5: Loben

Eine Alternative zur Erarbeitung des Hinlegens aus dem Wälzen ist das Ablegen aus dem Knien, bzw. dem Kompliment.

Hierzu steht der Ausbilder links vom Pferd und stellt es mit den über den Widerrist gelegten Zügeln nach rechts ab. Nun touchiert man vorsichtig das linke, noch aufgestellte Hinterbein. Ein vertrauensvolles und gut ans Touchieren gewöhntes Pferd wird sich daraufhin willig ablegen.

Damit das Pferd das Kompliment und das Ablegen nicht verwechselt, gebe ich die Hilfen zum Kompliment grundsätzlich rechts und die zum Hinlegen links. Umgekehrt geht das natürlich auch. Gelegentlich gibt es übrigens Pferde, die sich absolut nicht hinlegen wollen. Ihnen fehlt das dazu nötige, unbeschränkte Vertrauen gegenüber dem Menschen. Über diese Grenze können sie allenfalls mit Geduld und Ruhe gebracht werden. Gewaltausübung wäre grundfalsch.

Sitzen

SITZEN

Das Sitzen ist nichts anderes als eine Unterbrechung des Aufstehvorgangs aus dem Liegen. Es muss also aus dem Liegen erarbeitet werden.

Sobald sich das Pferd auf Stimm- und Touchierhilfe vertrauensvoll ablegt - nicht nur auf dem Wälzplatz, sondern auf jedem geeigneten Untergrund! - kann mit dem Sitzen begonnen werden. Ich lasse das Pferd dazu ablegen, nachdem ich ihm vorher den Trensenzaum angezogen und die Zügel über den Hals gelegt habe. Die nehme ich nun beide in die Hand und stelle den Kopf des Pferdes etwas in Richtung Beine, indem ich den von mir aus gesehenen äußeren Zügel etwas kürzer nehme als den inneren. Das hindert das Pferd daran, schnell aufzuspringen, wenn jetzt die Hilfen zum Sitzen erfolgen. Beide Zügel nehme ich über den Widerrist und zupfe etwas daran, wobei ich das Kommando „Sitz!" gebe.

Das Pferd soll nun langsam, sozusagen in Zeitlupe, mit dem Aufstehen beginnen. So streckt es zunächst die Beine aus und erhält dafür schon mal ein Leckerli. Dann lobe ich, gebe die Zügel frei und das Kommando „Auf". Das Pferd steht nun in normaler Geschwindigkeit auf und hat für diesen Tag genug getan. Am nächsten Tag lasse ich es schon ein wenig mit den Vorderbeinen hochstemmen - wieder soll es aber nur kurz in dieser Stellung verharren, bevor es gelobt wird und aufstehen darf. So steigern wir uns von Tag zu Tag bis in eine sitzende Stellung. Das Pferd muss sich dazu übrigens gut ausbalancieren. Überstürzen Sie am Anfang also nichts!

„Das Pferd soll steigen wie ein Seepferdchen" - Condo in seiner Lieblingsübung.

STEIGEN

Vielen Reitern fällt es leichter, ihren Pferden das Steigen beizubringen, als es ihnen später wieder abzugewöhnen! Das ist besonders dann der Fall, wenn das Steigen auf Kommando aus der Neigung eines Pferdes zum spontanen Steigen entwickelt wird.
Vor einem solchen Vorgehen muss eindringlich gewarnt werden! Wenn ein Pferd auf den Hinterbeinen auf Sie zukommt, so ist das nicht lustig, sondern ein aggressiver Akt. Er muss unterbunden und nicht auch noch belohnt und gefördert werden. Im Rahmen der Manegenarbeit arbeiten wir grundsätzlich nur dann an der Übung des Steigens, wenn das Pferd in ruhiger, gelassener Stimmung ist. Wir machen es keineswegs wild und aggressiv, sondern arbeiten mit einer Hilfslonge - meist am Ende einer Arbeitssequenz und nie häufiger als ein oder zwei Mal am Tag.

Zur Erarbeitung des Steigens wird das Pferd von zwei Helfern an rechts und links eingeschnallten Longen gehalten. Der Ausbilder steht vor dem Pferd und befestigt eine Hilfslonge an einem seiner Vorderbeine. Auf Touchieren und Zupfen an der Hilfslonge hebt das Pferd dieses Bein an. Der Ausbilder touchiert nun das zweite Bein des Pferdes, und die Longenführer heben die Longen an, um dem Pferd den Weg nach oben zu weisen.
Will das Pferd nun dem Befehl des Ausbilders folgen und das Bein auf seine Hilfe hin anheben, so muss es sich zwangsläufig auf die Hinterbeine erheben. Tut es das auch nur sekundenlang, so wird es belohnt und für diesen Tag entlassen. Über mehrere Arbeitssequenzen hin steigt das Pferd dann immer höher und freudiger - „Wie ein Seepferdchen!", wie Fredy Knie sen. es begeistert beschreibt. Es ist dann auch bald nicht mehr nötig, seine Beine zu touchieren. Das Pferd erhebt sich auf Stimmhilfe und ein Zeichen mit Handstock und Peitsche. Dazu werden beide deutlich angehoben wie Taktstöcke.

Den Eindruck eines Dirigenten vor dem tanzenden Pferd erweckt der Ausbilder auch, wenn das Pferd später lernt, nicht nur auf den Hinterbeinen zu stehen, sondern auch noch auf ihn zuzulaufen. Das ist aber eine fortgeschrittene Übung, die man erst abrufen darf, wenn das Pferd ausreichend Muskulatur entwickelt hat.

Überhaupt braucht das Pferd viel Kraft und Muskulatur um sein Gewicht mit der Hinterhand aufzunehmen. Auch das ist ein Grund, das Steigen sehr langsam und erst im Anschluss an eine dressurmäßige Grundausbildung zu erarbeiten.

Steigen: Das Pferd wird rechts und links gehalten.

Die Hilfslonge bewegt ein Bein nach vorn.

Anheben der seitlichen Longen und Antouchieren des linken Beins lösen das Steigen aus. Dazu erfolgt eine Stimmhilfe.

3. 3. TOUCHIEREN - TAKT UND SCHWUNG AN DER HAND

Viele Hilfen beim Reiten sind „Berührungshilfen", das heißt, das Pferd soll auf möglichst leichtes Anlegen der Reiterschenkel antreten, vorwärts oder seitwärts gehen. Idealerweise sollte es dabei nicht warten, bis ernsthafter „Druck" erfolgt, sondern schon auf die Andeutung einer Berührung reagieren. Für diese Hilfen wird das Pferd durch Touchierübungen an der Hand und später an der Doppellonge sensibilisiert.

Ein weiteres Einsatzfeld der Touchierhilfen ist die Verbesserung von Takt und Schwung der Gänge eines Pferdes. Hier kommt es nicht erst bei der Piaffe zum Einsatz. Auch bei der Anfangsarbeit im Schritt und Trab erzielt man hervorragende Effekte, wenn man das Pferd richtig touchiert. Dabei ist es vor allem wichtig, die Touchierhilfe zum richtigen Zeitpunkt einzusetzen. Sie muss stets in dem Moment erfolgen, in dem das Pferd mit dem zu touchierenden Bein antritt und bevor es den Huf wieder zu Boden setzt. Nur wenn das der Fall ist, kann die Bewegung beeinflusst, also höher oder weiter gestaltet werden. An der Doppellonge, bzw. am langen Zügel ist dieses „Timing" recht leicht zu erlernen. Vom Sattel aus verlangt es einiges Gespür für den Bewegungsablauf des Pferdes.

Touchiert wird mit Gerte, Peitsche oder Handstock. Bei der Manegenarbeit arbeitet man mit zwei dieser Hilfsmittel. Auf keinen Fall darf dabei das Touchieren mit Schlagen verwechselt werden. Es hat weniger Zwangs- als Aufforderungscharakter, zeigt dem Pferd den Weg statt es zu zwingen.

Fredy Knie in der Piaffe. Foto: Archiv Knie

SCHULTERHEREIN

Die erste, wichtige Touchierübung ist das Schulterherein an der Hand. Es lässt sich leicht in die Round Pen-Arbeit an der Longe einbauen um die Rückenmuskulatur des Pferdes im Hinblick auf die spätere Arbeit unter dem Sattel zu stärken. Voraussetzung dafür sind einführende Biegeübungen wie etwa die Volte. Das Pferd sollte schon erste Erfahrungen damit gemacht haben sich im Rumpf zu biegen. Zum Schulterherein wird es dann in die Mitte des Round Pen gerufen, oder ich gehe zu ihm an die Bande. Dabei nehme ich die Longe in großen Schlingen auf, denn bei der Ausführung dieser Übung wird sie sehr kurz gehalten. Zum Schulterherein nach links hält man die Longe in der linken, die Peitsche in der rechten Hand. Steht das Pferd nun gerade vor mir, zeige ich mit der Peitsche rechts an ihm vorbei und touchiere seine Flanke. Geht es daraufhin ein bis zwei Schritte seitwärts, wird sofort gelobt. Meist setze ich dabei die

Der äußere Zügel steht leicht an, als Biegeübung auf drei Hufschlägen.

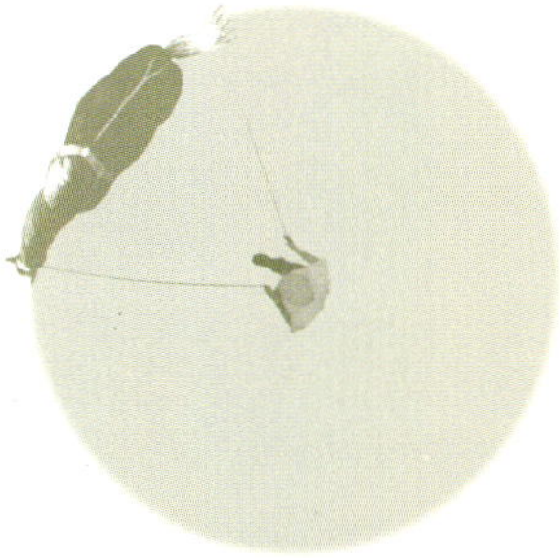

Treiben mit der Gerte

Stimme und ein Streicheln mit Peitsche oder Handstock ein. Tritt das Pferd nicht vorwärts-seitwärts an, gehe ich beim Touchieren rückwärts in einem kleinen Kreis und lobe jeden Ansatz zum Übertreten. Am Anfang darf man hier auf keinen Fall zu viel verlangen. Zwei bis drei Schritte reichen. Am nächsten Tag sind es dann vielleicht schon vier oder fünf! Überhaupt übertreibe ich es in der ersten Trainingszeit nicht mit der Arbeit an den Seitengängen. Auch an der Doppellonge und unter dem Sattel genügen zunächst ein oder zwei lange Seiten Schulterherein auf jeder Hand pro Arbeitseinheit. Ist das Pferd später an die Trense gewöhnt, kann auch hier das Schulterherein an der Hand touchiert werden. Dabei kommt erstmalig auch der äußere Zügel ins Spiel, der für die richtige Abstellung bei dieser Übung von zentraler Bedeutung ist. Hier wieder die Hilfen zum Schulterherein nach links:

Ich nehme das Pferd dazu auf einen Zirkel, der äußere Zügel führt über den Widerrist hinweg zur inneren Seite in meine rechte Hand. Diese Hand lege ich nun an den Biegepunkt, also in den Bereich, in dem später der Schenkel einwirkt. In der rechten Hand halte ich auch die Gerte. Die linke Hand liegt am Trensenring und stellt das Pferd in eine leichte Biegung zu mir. Mit der Gerte touchiere ich nun an der Flanke, am Oberschenkel des Pferdes und führe es dabei seitwärts-vorwärts. Mein Zeigefinger drückt gegen den Biegepunkt und simuliert damit den Schenkel, um den das Pferd später gebogen wird. Der äußere Zügel verhält und kontrolliert die Biegung: das Pferd darf nicht nur im Hals gebogen sein, sondern gleichmäßig vom Kopf bis zur Schweifrübe. Wie schon früher gesagt, wird die Übung grundsätzlich auf drei Hufschlägen ausgeführt. Arbeitet man auf vieren, fällt das Pferd schnell auf die Vorhand und hält sich im Rücken fest. So leicht gebogen manövriere ich das Pferd nun aus dem Zirkel heraus auf eine gerade Linie. Wichtig ist, dass ich dabei nicht zu weit hinten stehe, damit das Pferd nicht gegen den äußeren Zügel läuft und abbiegt, statt ins Schulterherein zu gehen. Auch ist darauf zu achten, die Hinterhand nicht einfach hinauszutouchieren, sondern die vorschriftsmäßige Abstellung von 30 Grad zu erhalten. Das Schulterherein verlangt eine Vorwärts-Seitwärts-Bewegung, kein einfaches seitliches Übertreten.

Eine weitere Schwierigkeit - besonders für den Anfänger in der Kunst der Bodenarbeit - besteht darin, mit einer Hand gleichzeitig Außenparaden zu geben und mit der Gerte zu treiben. Das fällt Rechtshändern vor allem schwer, wenn sie das Schulterherein auf der rechten Hand touchieren sollen, Gerte und Zügel also mit links betätigen. Hier kann ich nur zu vermehrter Übung raten. Reiten und Bodenarbeit erfordern ein hohes Maß an Beidhändigkeit. Einseitige Rechtshänder bilden unweigerlich Pferde aus, die nur auf ihrer „Schokoladenseite" gute Leistungen zeigen.

Schulterherein unter dem Reiter: Am Anfang ist zusätzliches Touchieren vom Boden aus sinnvoll.

SCHULTERHEREIN UNTER DEM SATTEL

Wer an der Hand und an der Doppellonge vorgearbeitet hat, wird keine Schwierigkeiten haben, das Schulterherein auch unter dem Sattel abzufordern. Reiten Sie dazu eine Volte in der Ecke, und lassen Sie das Pferd aus der Volte heraus noch eine viertel bis halbe Pferdelänge in die Bahn hineintreten. Dann verlagern Sie Ihr Gewicht nach außen, geben eine Außenparade, und treiben verstärkt mit dem inneren Schenkel. Das Pferd wird diesen Hilfen willig nachkommen, da es alle, bis auf die Gewichtsverlagerung, bereits aus der Bodenarbeit kennt.

An der Hand wird Renvers touchiert, damit der Ausbilder nicht gegen die Bande läuft.

Traversale unter dem Reiter

TRAVERS/RENVERS

Bei der Traversarbeit ist das Pferd in die Richtung gestellt, in die es sich seitwärts bewegt: beim Travers nach links schaut es also nach links. Man spricht vom Travers, wenn sich die Vorhand auf dem äußeren Hufschlag bewegt und die Hinterhand auf dem inneren, das Pferd also zur offenen Seite des Hufschlags hin gebogen ist. Umgekehrt nennt man die Übung Renvers. Renvers ist reiterlich etwas schwerer auszuführen, weil hier keine Bande als Begrenzung zur Verfügung steht. An der Hand wird dagegen nur Renvers touchiert, da der Ausbilder sonst zwangsläufig gegen die Bande läuft. Voraussetzung für ein erfolgreiches Touchieren des Renvers ist die Beherrschung des Schulterhereins. Idealerweise sollte das auch schon an der Doppellonge im Schritt und Trab gekonnt gezeigt werden.

Zum Touchieren des Renvers nach links steht man rechts neben dem Pferd, Blickrichtung zum Pferd. Die linke Hand erfasst den linken, äußeren Zügel eine Handbreit unter dem Trensenring. Die rechte ergreift den rechten, über den Widerrist geführten Zügel und hält gleichzeitig die Gerte. Während der rechte Zügel das Pferd stellt und der linke eine übertriebene Abstellung vermeidet, touchiert die Gerte die Kruppe heraus. Die Ausführung dieser Übung an der Hand ist einfacher, als die Beschreibung klingt. Fast immer geht das Pferd schon beim ersten Versuch ein paar Schritte seitwärts. Die Bewegung im Travers ist allerdings anstrengend. Am Anfang gilt es deshalb, nicht zu viel zu üben und unbedingt die Trainingsreihenfolge: Schulterherein - Travers einzuhalten.

Das Pferd schaut in Bewegungsrichtung, die Gerte touchiert die Hinterhand.

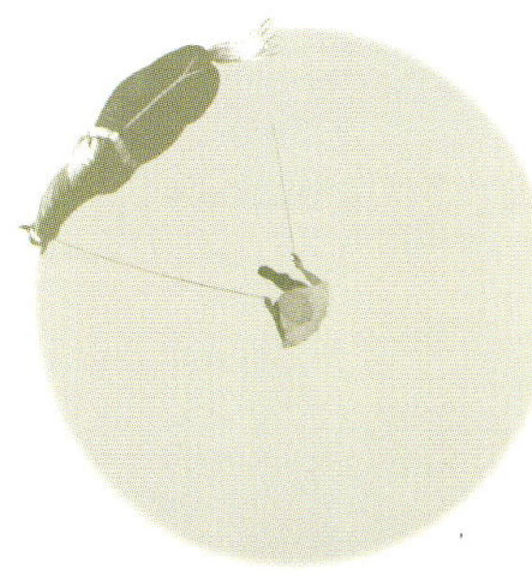

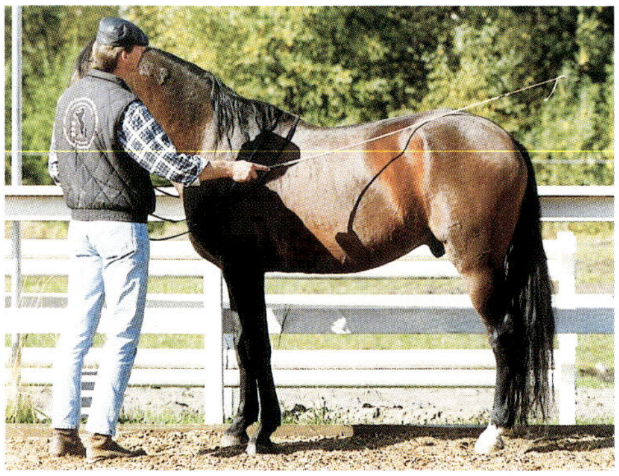

Das Pferd darf die Berührung der Gerte nicht fürchten.

Antouchieren des inneren Beins …

… und des äußeren unter dem Pferdebauch hindurch.

ÜBUNGEN FÜR DIE PIAFFE

Eine weitere Touchierübung ist die allererste Vorübung für die viel später zu erarbeitende Piaffe. Dazu stellt man das Pferd auf den Hufschlag und touchiert zunächst das innere Hinterbein an der Fessel. Hebt es das Bein an und setzt es weiter vorn wieder ab, verdient es sich ein Lob. Als nächstes touchiert man unter dem Bauch durch das äußere Bein. Auch dies soll gehoben und weiter vorn wieder abgesetzt werden. Mit der weiteren Ausbildung wird man dieses Touchieren der Hinterhand immer mehr mit langsamer Vorwärtsbewegung (kleine Schritte von ein bis zwei Huflängen) verbinden. Vorläufiges Ergebnis: Sensibilisierung für feine, genau gesetzte Hilfen. Endergebnis nach Jahren: perfekte Piaffe. Weitere vorbereitende Übungen für die Piaffe sind das Antraben aus dem Rückwärtsrichten und das Schulterherein im Trab. Letztlich wird das Pferd dann an der Hand im Trab Schulterherein gearbeitet und durch langsames Geraderichten und Setzen mittels Handstock oder Gerte in die Piaffe gebracht.

1: Wenn die Arbeit an der Piaffe ernst wird, hält man das Pferd zu zweit um seinen Vorwärtsdrang zu beschränken.

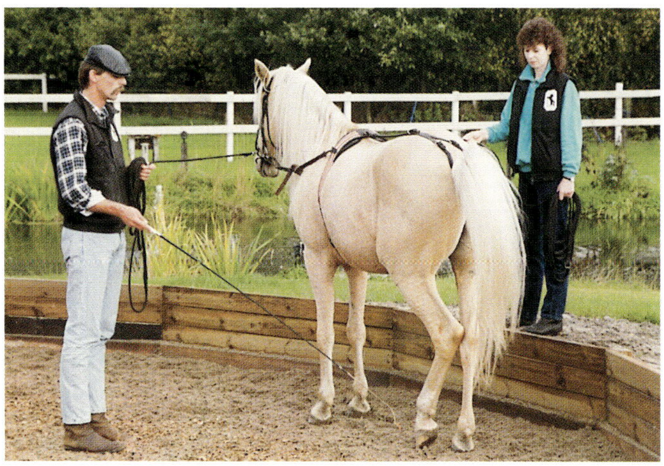

2: Noch einmal: Touchieren unter dem Bauch hindurch

3: Auf dem Weg zur Pesade: zunächst Piaffe …

4: … dann Touchieren zum stärkeren Untertreten und Abdrücken nach oben.

Wenn das Pferd die vorbereitende Touchierarbeit kennt und versteht, kann die Piaffe ernsthaft erarbeitet werden. Bei mir geschieht das entweder am langen Zügel oder mit Hilfe von Führungslongen in der Manege. Letzteres bevorzuge ich, weil die Pferde freier gearbeitet werden können und meine größere Distanz zum Pferd klareres Touchieren, weichere und präzisere Hilfen ermöglicht. Die Führungslongen verhelfen dem Pferd zudem zu einer guten Selbsthaltung.

Bei der Arbeit an der Piaffe wird das Pferd im Schritt von zwei Ausbildern an zwei Longen geführt. Einer geht innen, einer außen am Manegenrand; touchiert wird von innen. Das Prinzip besteht aus der Arbreit in zwei Pilaren. Bei der hier geschilderten Methode werden die Pilaren innen durch den Ausbilder und außen durch einen kundigen Helfer ersetzt. Der Vorteil besteht darin, dass sich die Helfer und der Ausbilder auf die jeweiligen Bedürfnisse des jeweiligen Pferdes einstellen können, d.h. ein relativ träges Pferd wird mehr vorwärts gearbeitet, um den Schwung zu erhöhen, ein sehr temperamentvolles Pferd kann in seinem Vowärtsdrang gebremst und beruhigt werden um Kadenz und Ausdruck der Piaffe zu unterstützen.

Dabei ist es sehr wichtig, daß das Team gut aufeinander eingespielt ist. Die beiden Longenführer müssen die Leinen gleichmäßig annehmen und nachgeben und im selben Tempo langsam vorwärts gehen, damit das Pferd seinen Takt finden kann. Am Anfang lässt man es ja nicht auf der Stelle piaffieren, sondern es darf ein bis zwei Huflängen nach vorne treten. Der Touchierstock gibt dabei den Takt vor und unterstützt das Vortreten, die Longen begrenzen den Vorwärtsdrang und geben dem Pferd Halt. Nach zwei oder drei Tritten Trab auf der Stelle holt man das Pferd wieder in Schritt und Stand, lobt es und beendet die Übung. Das Pferd soll schließlich nicht zu viel Spannung aufbauen und auf keinen Fall hektisch werden. Erst wenn es wenige Schritte ruhig und gleichmäßig piaffiert, kann es auch etwas länger arbeiten. Vergessen Sie dabei aber nie die Vorwärtstendenz!

Nach der Piaffe wird das Pferd in den Trab entlassen, später erarbeitet man aus diesem Übergang die Passage. All das trainiere ich zunächst an den Führungslongen. Erst danach wird es unter dem Reiter gefestigt. Letztlich werden auch die Schulen über der Erde aus der Piaffe heraus entwickelt, so etwa Levade und Pesade.

Die Pesade nach einigen Wochen Training.
Douché hält sich gut auf der Hinterhand und konzentriert sich sehr gut.

Nach geduldiger Vorarbeit piaffiert der Friese Leon auch unter dem Sattel.

5: Der erste Ansatz zur Pesade - natürlich muss an Haltung und Gleichgewicht noch gearbeitet werden.

Knie senior und Sohn. Spanischer Schritt im Gleichtakt. Foto: Archiv Knie

DER SPANISCHE SCHRITT

Spanischer Schritt, also das ausdrucksvolle Vortreten mit gestreckten Vorderbeinen ist eine aus Show- und Zirkusvorführungen wohlbekannte Übung. Viele Reiter bringen sie ihren Pferden schon zu Beginn der Ausbildung bei, aber das hat sich meiner Erfahrung nach nicht bewährt. Die meisten Pferde finden dann nämlich schnell Gefallen an dieser relativ leichten und meist mit vielen Belohnungen erarbeiteten Übung und bieten sie immer als erstes an, wenn man ihnen etwas Neues beibringen will. Am Anfang ist das ganz lustig, aber es fällt einem spätestens dann auf die Nerven und behindert die Arbeit, wenn es an das Touchieren der Piaffe geht. Insofern erarbeite ich die Piaffe oder zumindest die Vorübungen zur Piaffe grundsätzlich vor dem Spanischen Schritt. Das hat auch den Vorteil, dass das Pferd im Rahmen der Arbeit an der Piaffe bereits verstärkt auf die Hinterhand gebracht wurde. Es wird dann auch beim Spanischen Schritt eher bereit sein, die Hinterhand mitzunehmen.

Die Vorübung zum Spanischen Schritt ist die sogenannte „Polka", bei der nur jeder dritte Schritt mit gestrecktem Bein ausgeführt wird. Im Rahmen der Erarbeitung der Polka lernt das Pferd, auf präzise Touchierhilfen zu achten und vor allem, die Streckung des Beines in eine Vorwärtsbewegung einzubinden. Versucht man sich gleich am Spanischen Schritt, so neigen dagegen viele Pferde dazu, mit den Vorderbeinen scharrende Bewegungen auszuführen, während die Hinterhand stehen bleibt. Mitunter lavieren sie sich dabei in eine so starke Streckstellung hinein, dass sie alle paar Schritte stehen bleiben und sich regelrecht wieder „sammeln" müssen, bevor sie weiter arbeiten. Das passiert besonders dann, wenn man versucht, den Spanischen Schritt aus dem Scharren oder Betteln des Pferdes zu entwickeln.

Da ein Pferd bei mir schon während der Arbeit an der Piaffe gelernt hat, das Bein auf ein Touchieren hin anzuheben, entfallen die Übungen im Stand vor der Arbeit am Spanischen Schritt. Stattdessen beginne ich gleich in der Vorwärtsbewegung, das Bein zum gestreckten Nach-vorne-Treten zu touchieren. Ich bediene mich dabei wieder der Führungslongen und bitte einen Helfer dazu.

Die allererste Übung besteht darin, jeden sechsten Schritt gestreckt ausführen zu lassen. Dabei streckt das Pferd immer das gleiche Bein, muss sich also noch nicht auf wechselnde Touchierhilfen konzentrieren. Vor dem entscheidenden Schritt wird das Pferd etwas verhalten und ich touchiere das Bein vor dem Anheben an der Röhre an. Jedes vermehrte Anheben des Beines wird durch Entlassen

Polka an den Führungslongen: das rechte Bein gestreckt ...

Touchieren an der Nasenspitze, damit das Pferd den Kopf oben behält und so mehr Beinaktion zeigt.

...Leerschritt...

...das linke Bein gestreckt

des Pferdes nach vorne belohnt. Klappt das, so fördere ich die Streckung des Beins nach vorne, indem ich weit oberhalb des Vorderfußwurzelgelenkes touchiere, fast auf Höhe der Brust. Damit wird wieder so touchiert, dass das Pferd „gegen den Stock" tritt.

Nimmt das Pferd bei der Arbeit an der Streckung des Beines die Nase zu tief, so dulde ich das zunächst. Sitzt die Touchierhilfe zur Beinstreckung jedoch ungefähr, so kann ich mich eines kleinen Tricks bedienen, um das abzustellen. Ich touchiere das Pferd zunächst am Bein, an der Brust und dann am Hals und arbeite mich mit meiner Touchierhilfe vor bis zur Nasenspitze. Hat sich das Pferd an diese Hilfe gewöhnt, touchiere ich wie oben beschrieben für Polka und Marsch. Nimmt es Kopf und Nase zu tief, touchiere ich taktmäßig an der Nasenspitze. Das regt es dazu an, den Kopf etwas höher zu tragen und in Aufrichtung zu arbeiten und fördert eine Streckung des Beines in größere Höhe, d.h. mehr aus der Schulter.

Nachdem die Streckung des Beines im Rahmen einer fließenden Bewegung bei jedem sechsten Schritt klappt, beginne ich, sie bei jedem fünften abzurufen, touchiere jetzt also abwechselnd das rechte und linke Bein. Sofern auch das „sitzt" gehe ich zur Polka über und lasse das Pferd jeden dritten Schritt „spanisch" ausführen.

Die Bildfolge mit Douché zeigt den sauberen Ablauf einer solchen Polka: auf jeden gestreckten Schritt folgt ein „Leerschritt".

Für das Pferd ist diese Übung übrigens nicht einfach, eher schwieriger als richtiger Spanischer Schritt. Sie hilft aber nicht nur bei der Aktivierung der Hinterhand, sondern erleichtert auch die Einführung der Reiterhilfen zum Spanischen Schritt. Sie bestehen in diagonaler Schenkeleinwirkung: wenn das Pferd sein rechtes Bein streckt, wird der linke Schenkel mit leichter Vorwärtstendenz am Gurt angelegt. Im Rahmen der Polka bleibt er auch dran, wenn das Pferd den Leerschritt macht.

Spanischer Schritt: links ...

Erst vor Streckung des linken Beins ändert sich die Schenkelhilfe. Auch das fördert die Aktivität der Hinterhand.

Wenn die Polka an den Führungslongen und unter dem Sattel richtig ausgeführt wird, beginne ich, den „Marsch", also den echten Spanischen Schritt zu touchieren und zu reiten. Um dem Pferd die Unterscheidung zwischen Polka und Marsch zu erleichtern, touchiere ich erstere zunächst auf der linken, letztere auf der rechten Hand oder umgekehrt.

Der Marsch ist in der Regel leicht abzurufen, wenn das Pferd die Polka beherrscht. Jetzt wird einfach bei jedem Schritt zwischen Vorderfußwurzelgelenk und Brust touchiert. Aber auch hier gilt: am Anfang genügen wenige Schritte! Nach zwei oder drei korrekten Bewegungsabläufen verdient das Pferd eine Pause und ein Lob.

...rechts ...

Auch unter dem Reiter wechselt der Schenkeleinsatz beim Spanischen Schritt schneller, ansonsten entspricht er den Hilfen zur Polka. Am Anfang unterstützt der Ausbilder die Arbeit des Reiters mit dem Handstock. Achten Sie beim Reiten wie vom Boden aus, die Hilfen zum Spanischen Schritt im Takt zu geben. Nur dann kann das Pferd gleichmäßig und ausdrucksvoll arbeiten.

...links im Takt.

EIN PAAR WORTE ZUM SCHLUSS

In diesem Buch habe ich versucht, Ihnen viele Möglichkeiten der Bodenarbeit zu zeigen und zu erklären, die für die Ausbildung eines Reit- und Showpferdes von Nutzen sind. Dabei wollte ich Sie in meine Arbeit mit Pferden einführen und Ihnen meine Vorgehensweise bei der Ausbildung nahe bringen. Wenn Sie nun aber versuchen, all meine Hinweise in die Praxis umzusetzen, vergessen Sie nie, dass es hier um Ihr Pferd und Ihre Ausbildung, Ihren Stil und Ihr Tempo geht. Jedes Pferd ist anders und niemand kennt Ihr Pferd so gut wie Sie es kennen. Setzen Sie sich also nicht unter Druck! Was ein Pferd in einem Monat erlernt, dafür braucht das andere vielleicht ein Jahr, und wenn Ihre eigenen Fähigkeiten mehr auf dem kognitiven als auf dem manuellen Gebiet liegen, so werden Sie die richtige Hilfengebung vielleicht etwas langsamer erlernen als andere. Es ist sehr wichtig, bei der Erarbeitung jeder Lektion immer wieder auf das Pferd zu hören, sich an seinen Reaktionen und seinem Tempo zu orientieren und aus den eigenen Fehlern und denen des Pferdes zu lernen. Wenn Sie dafür ein Gefühl entwickeln, so ist das weitaus wichtiger als die Erarbeitung einer Lektion in Rekordzeit. Tadeln Sie Ihr Pferd nicht, wenn es einen Fehler macht! Ein guter Ausbilder sucht die Schuld immer zunächst bei sich selbst. Vielleicht sind Sie zu schnell vorwärts gegangen oder haben ungenaue Hilfen gegeben. Üben Sie sich in Geduld und Selbstkritik, denn das sind die wichtigsten Tugenden eines Ausbilders. Und merken Sie sich: Nicht nur der Mensch lernt aus seinen Fehlern sondern auch das Pferd. Strafen Sie nicht für eine falsch ausgeführte Übung sondern korrigieren Sie das Pferd ruhig. So lernt es leichter und besser.

Und noch eines: so schön es ist, ein piaffierendes und passagierendes Pferd zu reiten - entscheidend ist nicht die Schwierigkeit der Übung, sondern die Harmonie und Leichtigkeit, mit der sie ausgeführt wird. Eine gelungene Volte ist mehr wert als eine verspannte, mit Gewalt eingeübte Piaffe. Lassen Sie sich Zeit und arbeiten Sie mit Ruhe und Liebe. Ihr Pferd wird es Ihnen danken und alles daran setzen, Ihre Wünsche zu erfüllen. Auf die Dauer wird es Ihnen dann mehr schenken, als Sie sich jemals erträumten.